Gewidmet meinem Großvater Georg Skupin – dem besten Gorgo aller Zeiten!

# EventuElche

Tina Skupin

1.Auflage

ISBN: 1545455910
ISBN-13: 978-1545455913

*Erstausgabe*
*Mai 2017*

*auch als Ebook*
*ASIN: B01HCXA5VG*



*Coverdesign: Anna Holub*



*Impressum:*

*Tina Skupin, Kronborgsgränd 6, 16446 Kista, Schweden*

# INHALTSVERZEICHNIS

# DANKSAGUNG

Einen herzlichen Dank an Anna für das grandiose Cover! Vielen Dank an Kirsten Brox für die intensive Textkorrektur. Alle Fehler, die nicht mehr in dem Buch sind, hat sie gefunden. Alle Fehler, die noch drin sind, sind ganz allein Meine!
Und einen besonderen Dank an Martin, den besten aller Männer, ohne den es dieses Buch nicht gäbe.

# 1 KEIN RATGEBER

*„Halt! Stopp! Da ist ein Elch!“*
*Der beste Mann der Welt blickt mitleidig zu mir herüber: „Wieder mal ein EventuElch?“*
*„Nein, dieses Mal ist es ein Echter! Ganz bestimmt!“*

Jedes Jahr zieht es tausende von Menschen nach Schweden, zum Urlaub, zum Studieren oder zum Leben. Vor allem Deutsche sind überdurchschnittlich oft vertreten. Schweden scheint in seiner Natur und Kultur sehr nah an Deutschland, nur sauberer, langsamer und ruhiger. Kein Wunder also, dass so viele Deutsche ihrer tiefen Sehnsucht nach dem Land im Norden folgen.
Ich gehöre nicht dazu.
Ich war nie ein Schwedenfan, ich wollte einfach nur mal im Ausland leben. Als ich dann den Mann meines Lebens kennen lernte und der unbedingt an der KTH, der Kungliga Tekniska Högskolan in Stockholm studieren wollte, war ich dabei. Meine Liebe zu diesem Land schlich sich langsam in mein Herz, und selbst heute, sieben Jahre später stelle ich an manchen dunklen

Novembertagen fest, dass es keine einfache Beziehung ist. Trotzdem möchte ich nicht mehr woanders leben.Als ich beschloss, aus meinen alten Blogeinträgen ein Buch zu machen, überlegte ich, ob es ein Ratgeber werden sollte. Ich entschied mich dagegen. Nicht nur, dass der Humor in der Ratgeberform verlorengegangen wäre, es gibt außerdem Dutzende von Schwedenratgebern, und ich sehe nicht, wo ich da etwas hinzufügen könnte. Ich möchte nicht zeigen, wie man es praktisch anstellt, eine Personennummer zu bekommen, eine Wohnung zu suchen, und eine Reiseroute zu planen. Solche Sachen ändern sich ständig und man findet die aktuellsten Informationen im Internet. Stattdessen möchte ich berichten, wie sich Schweden anfühlt, wie es ist, sich durch die Bürokratie eines fremden Landes zu bewegen, und glaubt mir: Ich habe mich noch nie so dumm gefühlt. Ich will von der epischen Aufgabe erzählen, im Stockholmer Wohnungsdschungel eine Unterkunft zu finden (denn der erste Hand-Mietvertrag ist so etwas wie der Heilige Gral). Bei meinen Ausführungen werde ich ehrlich sein, auch nicht meine unrühmliche Flucht vor den schwedischen gestreiften Killermoskitos auslassen, und natürlich von der Schande, auch nach so vielen Jahren in Schweden noch nie einen Elch in freier Wildbahn gesehen zu haben.

Die Geschichten hier sind kurz: perfekt, um zwischendurch in der T-Bana (der Stockholmer U-Bahn) oder im Zelt gelesen zu werden. Sie haben einen positiven Unterton, denn würde ich es in Schweden nicht schön finden, würde ich hier nicht wohnen. Andere Leute haben andere Erfahrungen gemacht und würden andere Geschichten erzählen. Das hier sind meine Geschichten, mein schwedisches Gefühl – mit ganz vielen EventuElchen!

# 2 WILLKOMMEN IN SCHWEDEN!

„Willkommen in Schweden!“, begrüßt mich das schwedische Königspaar lächelnd. Daneben Roxette, die Helden meiner Kindheit, und ABBA, die schwedischste aller schwedischen Bands. Ich stapfe an den Bildern vorbei. Björn Borg schaut dezent angefressen, dass ich ihn so einfach links liegenlasse, während Astrid Lindgren einen milden Gesichtsausdruck aufgesetzt hat. Es ist der fünfte März und ich trage achtundzwanzig Kilo Gepäck am Körper. Gerade eben bin ich auf dem Stockholmer Flughafen Arlanda gelandet. In meiner Tasche steckt ein Zettel mit 196 abgestrichenen Tagen. Heute ist Tag 197. Heute ist der fünfte März. Ich bin in Schweden. Endlich!

Dem heutigen Tag vorausgegangen sind mehr als sechs Monate Vorbereitungen, Planungen und Sehnsucht, so viel Sehnsucht. Nicht nach Schweden. Das Land juckt mich derzeit noch nicht besonders. Aber Sehnsucht nach meinem Freund und dem Ende unserer Fernbeziehung.

Als ich vor die Türe trete, beginnt es zu regnen, ein fieser, kalter Regen, mit Schnee vermischt. In Berlin war es schon Frühling, aber hier hat der Winter das Land noch fest im Griff. Ich suche die Haltestelle der Flybussarna, der Flugbusse, die den Flughafen mit der Innenstadt verbinden. Es gibt auch einen Trick, mit den öffentlichen Verkehrsmitteln der Stockholmer Verkehrsbetriebe zu fahren, aber das ist umständlicher, und ich will so schnell wie möglich das Gepäck loswerden.

Ganz ehrlich, ich fühle mich wie ein Packesel und sehe wohl auch so aus: Reiserucksack auf dem Rücken, kleiner Rucksack auf dem Bauch, hinter mir den Rollenkoffer herziehend und eine Laptoptasche um den Hals. Diese Taschen enthalten einen Großteil meiner weltlichen Besitztümer. Ich habe in den letzten Monaten fast alles verkauft oder verschenkt, Küchenkram und Bücher bei meinen Eltern auf dem Dachboden eingelagert. Der Transport nach Schweden ist schweineteuer, und das Ganze für die anderthalb Jahre, die wir hier zusammenwohnen werden, rüberzuschippern, um es danach wieder heimzubringen? Nein danke!

Der Bus hievt sich langsam Richtung Stockholm. Draußen geht der Schneeregen in Schnee über. Leider hab ich mein Buch schon im Flugzeug fertig gelesen, was heißt, ich habe nichts mehr, was mich auf der halbstündigen Fahrt ablenkt. Meine Gedanken fliegen ausgerechnet zu meinen Küchenmessern. Letzte Woche noch prominent auf dem Schrank, jetzt in einer Kiste, zweitausend Kilometer entfernt von mir, genau wie meine Pratchett-Büchersammlung. Meine Gläser! Meine DVDs! Ich starre in den Schneesturm vor dem Fenster, meine Gedanken wirbeln durcheinander wie die Flocken. Bin ich denn wahnsinnig geworden, mein Leben umzuwerfen, um mit meinem Partner in eine

Einzimmerwohnung zu ziehen, und das in Schweden? Ausgerechnet Schweden, ausgerechnet ich, der ich ein Wärmetierchen bin und immer in den Süden wollte? Was habe ich mir nur dabei gedacht?

„Wenigstens wirst du Elche sehen“, denke ich bei mir, und das muntert mich ein wenig auf. Wir nähern uns den ersten Ausläufern der Stadt. Die machen noch nicht wirklich viel her: Industriegebiete, Autohäuser, mehr ist erst mal nicht zu sehen. Doch dann fahren wir mitten nach Stockholm hinein. Die Autobahnen E4 und E20 verlaufen direkt durch die Innenstadt, ein ewiges Ärgernis für die Bewohner und Stadtplaner, aber für mich in diesem Moment eine Offenbarung. Ich stamme aus einem kleinen Ort im Saarland, aber geboren bin ich zwanzig Minuten von Frankfurt entfernt, und die Sehnsucht nach der Großstadt liegt mir im Blut. Stockholm mit seinen hohen Häusern zwischen den Wassern und den Klippen nimmt mich für sich ein. Und dann sind wir auch schon am T-Centralen, der Zentralstation, wo U-Bahn, Busse und Straßenbahn sich treffen. Als ich aus dem Bus steige, kommt die Sonne hinter den Wolken hervor. Der Wetterwechsel trifft mich überraschend, später lerne ich, dass das ganz typisch für Stockholm ist. Und dann steht Martin da, genau, wie ich ihn von unserem letzten Treffen vor drei Monaten in Erinnerung habe. Ich liege in seinen Armen, mit achtundzwanzig Kilo und einem Gruß, der wie ein Versprechen klingt: Willkommen! Willkommen in Schweden!

# 3 NESTBAUTRIEB AUF SCHWEDISCH – MEIN FREUND SULTAN

Unsere neue Wohnung liegt in einem Vorort von Stockholm, wo sich Elch und Vielfraß gute Nacht sagen. Auch nach einer Woche kann ich das Gefühl nicht abschütteln, eigentlich im Urlaub zu sein. Unser Wohnviertel sieht aber auch aus wie eine Ferienhaussiedlung! Die zweistöckigen Häuser sind im Karree gebaut, und statt eines Flurs befindet sich an der Außenseite eine Treppe und ein großer Vorsprung, von dem die einzelnen Wohnungen abzweigen. Man hat also keinen Hausflur, wo dem man in die Wohnungen kommt, sondern jeder hat seine eigene Haustür nach draußen. Ach ja, und alle Häuser sehen gleich aus. Ich fühle mich, als wäre ich in die Kulisse von ‚Asterix bei den Briten' gestürzt. „Ist das die 34? Nein, das ist die 134, aber eine 1 ist runtergefallen".

In den ersten paar Tagen haben wir nur ausgeschlafen und uns darüber gefreut, dass wir nach einem halben Jahr Fernbeziehung endlich wieder beisammen sind. Doch nun dreht der Wind, und wir spüren den Frühling in der Luft. Der Schnee taut langsam, sehr langsam! Abends ist es länger hell, und manchmal hört man sogar schon die Vögel singen. Und wie alle komischen Vögel packt auch uns zu dieser Jahreszeit der Nestbautrieb. Ich bin ja sowieso vorbelastet, denn alle Saarländer sind Häuslebauer und bosseln mit Vorliebe an ihren Eigenheimen herum. Ich stehe schon auf der Matte, um beim ersten Sonnenstrahl unseren Balkon zu bestücken. Auch der beste Mann der Welt kann die Leere bald nicht mehr sehen. Zwar haben wir die Wohnung bereits möbliert übernommen, aber wir leben von zwei Tellern, zwei Gläsern und zwei Töpfen – fast wie in der Geschichte mit den drei Bären. Seit zehn Tagen schlafen wir auf einem neunzig Zentimeter breiten Bett. Das ist zwar sehr intim und kuschelig, aber auf die Dauer nur für Leute ohne Wirbelsäule geeignet. Also heißt es bei erster Gelegenheit: Auf zum Ikea!

Ich mag es eigentlich nicht, die Wohnung nur mit Ikeamöbeln einzurichten, weil diese Wohnungen immer gleich öde aussehen. In Schweden stoße ich auf ein Problem: Der aus dem Ikea bekannte Stil wird als Skandinavisches Design bezeichnet, und zwar weil, ihr ahnt es, der Stil typisch für die skandinavischen Länder ist. Wir können also entweder im Ikea kaufen, oder in einem Laden, wo die Sachen doppelt so viel kosten, wo aber, da alle Läden den skandinavischen Stil anbieten, die Möbel genauso aussehen. Erst in den folgenden Jahren finden wir heraus, dass in Schweden die Secondhandläden, die Loppisse, eine Alternative darstellen, wenn man nicht nur Ikea-Einrichtung möchte.

In Stockholm steht der größte Ikea der Welt. Fünf Stockwerke! Entsprechend brauchen wir fünf Stunden, um einzukaufen. Unser Wagen füllt sich rasant mit Türstoppern, Duschvorhang, Schreibtisch, Bilderrahmen, und allem, was es halt so beim Ikea gibt. Wir haben vielleicht nur eine winzig kleine Wohnung, aber die kann man trotzdem mit unendlich vielen tollen

Sachen füllen! Wir kommen gut voran, bis wir in der Bettenabteilung eintreffen. Etwa eine Stunde Probe liegen auf Matratzen, die sinnigerweise alle ‚Sultan' heißen später, haben wir uns tatsächlich auf eine Matratze (‚Sultan') einigen können. Danach zeigen sich bei uns die ersten Schwächeanzeichen. Der beste Mann der Welt will von ‚Olle' (mit Matratze ‚Sultan') nicht mehr aufstehen, und auch ich bin etwas angeschlagen. Dabei kommt das Beste jetzt: die Küchenabteilung! Dort finden wir ungefähr 100 sinnvolle Sachen – und 300 spaßige Gimmicks! Ich packe unter einem skeptischen Blick einen Mörser ein. So etwas wollte ich schon immer. Ab jetzt gibt`s Essen mit leckeren gemörserten Gewürzen.

Da gibt es nur noch ein Problem: Wir haben kein Auto in Schweden. Macht auch nicht wirklich Sinn, Autofahren in Stockholm kostet Gebühren, Parkplätze sind de facto nicht existent, außerdem ist die Straßenführung schlicht abenteuerlich, und wenn man sich verfährt, ist man nicht nur in einem falschen Stadtviertel, sondern auf der falschen Insel, und muss erst mal den Rückweg wiederfinden. Aber für große Einkäufe fehlt das Auto dann doch. Glücklicherweise kann man sich die Sachen anliefern lassen.

Die Lieferung kommt gegen halb acht, mit einem sehr wortkargen Fahrer, der ausschließlich Schwedisch spricht. Wir haben keinen Schlüssel für unser autobefreites Wohnviertel und müssen alles vom benachbarten Parkplatz rüber schleppen. Der Fahrer wird noch stiller, aber sein Gesichtsausdruck spricht Bände. Ich möchte ihm einen Hundertkronenschein geben für seine Mühe, aber da ist er schon wieder verschwunden. Später erfahre ich, dass Trinkgelder in Schweden unüblich sind. Und plötzlich ist unsere Wohnung echt voll. Mein Liebster macht sich mit meinem Taschenmesser ans Zusammenschrauben. Nicht, dass ich nicht vorher gesagt hätte, dass wir auch Werkzeug brauchen. Ich befreie in der Zwischenzeit das Küchenzubehör von den Klebeschildchen. Klebeetiketten: die Erfindung direkt aus der Hölle!

Gegen zehn ist unser Nest fertig. Und wir auch. Wir stürzen noch kurz unter die Dusche, und dann ab ins Sultan!

# 4 ALLES IN ORDNUNG!

Heute Morgen erwache ich mit dem nagenden Gefühl, dass etwas fehlt. Ich blicke mich in der Wohnung um. Nein, das ist es nicht. Dann trifft es mich wie ein Schlag: keine Kreuzschmerzen! Jetzt merke ich erst, wie übel das auf der 90-cm-Matratze war.

Mit einem dampfenden Kaffee in der Hand schaue ich von unserem Balkon auf niedliche rote und wenige grüne Häuser. Die grünen Gebäude sind, so haben wir mittlerweile herausgefunden, die Gemeinschaftsräume, der Müllraum und die Waschküche … Mist, ich hab verschlafen, heute war ich für die Waschküche angemeldet. Dass ich um sechs aufstehe, um Wäsche zu waschen, war wohl doch etwas optimistisch geplant, und ich muss mich auch erst dran gewöhnen, dass ich mich zum Wäschewaschen anmelden muss.

Viele Schweden, vor allem in den Städten, besitzen keine Waschmaschine. In vielen Wohnungen gibt es nicht mal Anschlüsse. Stattdessen stellt die Vermietergesellschaft Waschräume für alle Bewohner zur Verfügung. Sie sind ähnlich eingerichtet wie bei uns die Waschcenter, mit großen Industriewaschmaschinen und Trocknern. Im Unterschied zu den Waschcentern kostet das aber nichts, beziehungsweise es ist Teil der Mietnebenkosten. Man kann den Raum buchen, immer jeweils für drei Stunden. Das System ist eigentlich eine prima Sache, man muss sich aber natürlich im Voraus überlegen, wann man waschen will. Habe ich den Platz, stehen mir vier Waschmaschinen zur Verfügung, wobei eine der Maschinen eine 10 Kilomaschine ist, also die doppelte Menge. Vier Waschmaschinen- hallo? Nicht mal nach einer ausgedehnten Shopping-Tour hätte ich so viel Wäsche. Ich habe auch noch nie gesehen, dass alle Maschinen in Gebrauch waren. (Anmerkung Stand 2016: Das waren die Zeiten, bevor wir ein Kind hatten. Heute kriegen wir jedes Waschhaus voll, egal wie viele Maschinen drin stehen).

Jetzt könnte man natürlich sagen: „Wenn du nicht das ganze Haus brauchst, dann musst du doch nicht extra buchen. Dann pack doch deinen Kram in eine leere Maschine, wenn sie nicht gebraucht wird." So etwas passiert in Schweden nicht! Die Schweden sind unglaublich gesetzestreu. Ein öffentlicher Raum wie der Waschraum wäre in Deutschland fast unweigerlich in kürzester Zeit verdreckt. In Schweden nicht. An der Tür hängt eine Raumordnung, in der als Punkt eins steht, dass jeder seine Sachen wegräumt. Also wird alles weggeräumt. Punkt zwei ist, dass der Trocknerfilter gereinigt werden muss. Der wird gereinigt.

Diese Gesetzestreue ist auf den ersten Blick sehr ungewohnt, ist aber auch in anderen Bereichen des Alltags zu beobachten. Zum Beispiel an der Bushaltestelle.

Betrachten wir eine beliebige deutsche Bushaltestelle. In fünf Minuten fährt der Bus. Die Leute sammeln sich. Eine Oma blockiert mit ihren Einkäufen alle Sitzplätze, zwei Geschäftsleute erledigen lautstark furchtbar wichtige Geschäfte mit ihrem Handy. Eine

Mutter steht mit Kinderwagen mitten auf dem Bürgersteig, wiegt ein Baby in den Schlaf, während sie sichtlich genervt ihrem drei Jahre alten Jungen hinterher schreit, er möge doch bitte keine Steine auf die vorbeifahrenden Autos werfen. Am Bushäuschen lehnt ein Pärchen, knutschend und weltvergessen. Ihre herumliegenden Rucksäcke werden zur Stolperfalle für den Dreijährigen, der Nachschub an Steinen holen wollte. Inmitten des darauf folgenden Geschreis kommt der Bus an. Alle springen gleichzeitig auf und drängeln sich um den Einlass. Der Gehbehinderte, der hinter der Tür gesessen hat und durch den Eingang aussteigt, wird böse angegiftet: „Das ist ein Eingang“. Er schaut schuldbewusst und humpelt von dannen. Alle quetschten sich in den Bus, jeder will der Erste sein. Das Pärchen hat sich voneinander losgerissen, und hilft der Frau mit dem Kinderwagen. Der Bus fährt los.

Dieselbe Situation in Schweden.

Es ist fünf Minuten vor Abfahrt. Die Leute sammeln sich. Eine Oma sitzt an einem der wenigen Sitzplätze, ihre vier Einkaufstüten hat sie um sich herum gestellt. Ein Geschäftsmann steht an der Straße, und redet mit sich selbst. Zumindest erscheint es so, bis man feststellt, dass er ein Headset mit Freisprechanlage benutzt. Übrigens haben hier alle solche Freisprechanlagen, und ich hab erst gedacht, die Leute reden mit ihren imaginären Freunden, bis ich gemerkt habe, dass die telefonieren. Ein zweiter Geschäftsmann stellt sich hinter den Ersten, redet ebenfalls leise in sein Headset. Eine junge Mutter kommt mit ihrem Kinderwagen an, stellt sich hinter den Geschäftsmann, hinter ihr nehmen zwei knutschende Jugendliche Aufstellung. Dem fassungslosen Nichtschweden dämmert langsam: Die stellen sich in einer Reihe auf. Und zwar, noch bevor der Bus ankommt. Irgendwann steht auch die alte Oma auf, belädt sich mit ihren

Taschen und schlurft ans Ende der Schlange.

Kommt der Bus dann um die Ecke, stehen mitunter 40-50 Schweden in einer langen Reihe an. Die Tür geht auf, der Gehbehinderte, der hinter der Tür gesessen hat, schlurft zum Ausgang in der Mitte. Vorne ist kein Ausgang, also steigt er nicht aus. Auch der Gehbehinderte ist ein Schwede. Die junge Mutter müht sich mit dem Kinderwagen ab. Jeder in der Reihe würde ihr sofort helfen, aber nicht ungefragt. Schweden versuchen immer erst, ihre Sachen allein hinzubekommen. Die Leute steigen der Reihe nach ein.

Die Einzigen, die nicht in der Reihe stehen, sind der dreijährige Sohn der jungen Mutter und die Touristen. Jetzt ist es nicht so, dass man als Tourist nicht mehr in die Reihe gelassen wird, im Gegenteil: Jeder ist bereit, den Ahnungslosen vorzulassen. Aber man lässt das ganz schnell, denn man bekommt von jedem in der Reihe einen ähnlichen Blick, den auch der Dreijährige erntet. Und so schleicht man zu seinem Platz, 50 Mal den Blick im Nacken: „Na ja, der weiß es halt nicht besser“.

Nach zwei oder drei dieser demütigenden Erfahrungen haben wir mittlerweile dazugelernt. Wir stellen uns immer direkt an das Haltestellenschild. Dann formt sich die Schlange hinter uns.

# 5 RAUS INS GRÜNE

Der Frühling beginnt in Schweden später als in Deutschland, aber wenn er mal kommt, dann mit aller Macht. Vor einer Woche noch bedeckten Eis und Schnee Stockholms Straßen und wir kämpften uns im Wintermantel zur Uni. Und heute? Unser Balkonthermometer zeigt fast 20 Grad, überall kommen die Krokusse aus dem Boden, die Sonne ist wunderbar warm, und die Vögel wie die Schweden fangen an, ihre Nester zu bauen.

Der IKEA-Werbeslogan `Im Sommer gewinnt Ihre Wohnung einen Raum dazu: draußen!´ kommt mir in den Sinn. Sobald die ersten warmen Sonnenstrahlen den Boden auftauen, öffnen sich sämtliche Terrassentüren, und die Nachbarn stürzen bewaffnet mit Schaufeln, Besen und Bodenplatten heraus, um ihren Garten oder Balkon zu schmücken. Und die Kinder erst! Wir wohnen ja in einer autofreien Zone, und für schwedische Kinder heißt es beim ersten Sonnenstrahl `Tür auf, Kind raus, Tür zu´. Mir war ja vorher schon aufgefallen, dass in unserem Viertel viele Kinder leben, aber mit so einer Zahl habe ich nicht gerechnet. Überall wuselt es wie in einem Ameisenhaufen, alle Altersklassen sind vertreten, von der Guck-mal,ich-kann-schon-seit-vier-Tagen-laufen-Fraktion, bis zu den Jugendlichen, die in ihren Jeans möglichst cool die Sonne genießen.

Wir beide nutzen die schönen Tage, um unsere Umgebung zu erkunden. Wie bereits erwähnt, wohnen wir ja nicht direkt in Stockholm, sondern einem Vorort, etwa 20 Minuten mit dem Bus von der Stadt entfernt. Was bedeutet, dass wir im Zentrum von allem Wichtigem wohnen: Der Bus fährt nur fünf Minuten bis zum lokalen Zentrum, mit Einkaufsgalerie inklusive zwei Lebensmittelläden, einem Buchladen, zehn Klamottenläden und dem unvermeidlichen H&M, innerhalb von zwanzig Minuten bin ich in der Stadt. Und 100 Meter hinter unserer Wohnung – fängt Schweden an!

Schweden ist seit der letzten Eiszeit geologisch quasi blank geschmirgelt. Die Gletscher trugen die Bodenschichten bis auf das Grundgebirge ab, so dass man das heute an der Oberfläche sieht. Der Boden ist selten mehr als 20 Zentimeter dick, darunter befindet sich Granitfels. Ein großer Teil dieser Felsen ist mit Wald bedeckt. Was anderes wächst darauf nicht. Die Löcher, die die Gletscher hinterlassen haben, sind meist mit Wasser gefüllt, sprich Seen.

Es ist doch seltsam. Man beschreibt eine Sache wissenschaftlich korrekt, also müsste man doch eigentlich den Kern und die Wahrheit einer Sache auch erfasst haben. Aber wenn ich meine dürren Worte im letzten Absatz lese, repräsentiert er in keinster Wiese, die Natur, die mich umgibt. Diese Landschaft ist erschlagend, monumental, alles ist wild und urwüchsig und so großartig, dass ich am liebsten in spontanen Applaus ausbrechen möchte. Es gibt kaum einen waagerechten Fleck, keinen Punkt, an den man einen Ball hinlegen könnte, ohne dass der sofort wegrollt. Es geht immer bergauf oder bergab. Überall liegen gewaltige Felsen, die von den Gletschern zurückgelassen wurden, oder zum Grundgebirge gehört, das wie ein zersplittertes Rückgrat aus der Erde ragt. Manche Felsen sind nackt und wirken trotz ihrer Tonnenschwere seltsam ausgeliefert, schutzlos. Andere kleiden sich in einen dicken Patchworkteppich aus Moos und Flechten. Und wie viele Arten von Moos es hier gibt! Der Wald besteht hauptsächlich aus Nadelbäumen, meist Kiefern. Laubbäumen ist der Boden zu mager und sauer. Zu unseren Füßen sprießen Blaubeersträucher. Im Gegensatz zu den Nadelbäumen verlieren Blaubeeren im Winter ihre Blätter, und diese hier haben sich gerade wieder erst belaubt. Wir freuen uns schon auf den Sommer, wenn die Beeren reif sind. Wir müssen aufpassen, wohin wir treten, nicht nur wegen der Sträucher. Eine falsche Bewegung, und unsere schweren Stiefel reißen die dünne Bodenschicht ab. Wie kann irgendeine Pflanze von diesen wenigen Millimetern Humus leben. Aber sie tun es. Die Bäume krallen sich mit ihren weitverzweigten Wurzeln an dem bisschen Boden fest. Mitunter besiedeln sie auch direkt das Felsgestein. Und wird wirklich mal ein Baum umgeweht, wird er sofort von einem Artgenossen ersetzt, und wieder, und wieder, solange bis der Fels aufgibt und zerbröselt. Sturheit ist in diesen Wäldern ein echter Konkurrenzvorteil.

Für mich das Beste an dieser Landschaft ist nicht der Fels oder die Wälder, sondern das Wasser. Die Gletscher haben ganze Arbeit geleistet und Skandinavien, insbesondere Schweden komplett durchlöchert. Auch bei uns im Ort sollte es vier Gewässer geben, eines davon ganz in der Nähe unserer Wohnung. Noch in Deutschland hab ich mir das online angesehen. Unser See sah ziemlich mickrig aus, ein wasserlinsenverseuchter Ententümpel in der Größe einer

Pfütze. Auch der Name Barnsjö (auf Deutsch: Kindersee) klang nicht nach einem ernst zu nehmenden Gewässer.

Von wegen! Die Pfütze ist etwa dreimal so groß wie der Warndtweiher.

Im Moment war der Barnsjö noch komplett zugefroren, was die Schweden nicht daran hinderte, im Bikini am Ufer ein Sonnenbad zu nehmen. Im Sommer muss es hier wundervoll sein. Ich selbst werde noch ein wenig warten, bis ich meinen Bikini heraussuche. Bis die Oberfläche aufgetaut ist, vielleicht. Aber dann geht`s zum Baden!

# 6 DER NAME DES WALLANDER

Letzte Woche lag ein Brief mit meiner Personennummer im Briefkasten. Damit existiere ich für die Schweden offiziell. Die Personennummer ist das Wichtigste für das dauerhafte Überleben als Schwedenauswanderer. Sie besteht aus dem Geburtsdatum plus vier weiteren Ziffern, und man benötigt sie hier für wirklich alles. Sprachkurs buchen? Personennummer! Konto eröffnen? Personennummer! Fitnessstudio? Ihr ahnt es! Es würde mich nicht wundern, wenn man selbst für einen Toilettenbesuch die Personennummer zücken müsste. Und, und das war für mich ausschlaggebend, man benötigt sie, um sich in der Bibliothek anmelden zu können.

Ich bin eine Leseratte, ohne ständige Zufuhr an Worten werde ich krank. Die vorigen Wochen hatte ich bereits auf der Webseite der Bibliothek nach der Auswahl geschaut und kam mir vor wie ein Junkie, dem nicht nur der Stoff fehlt, sondern dem der Stoff vor der Nase hin und her gewedelt wird: mehr als dreißig Einzelbibliotheken, in allen Stadtteilen, mit Büchern in jeder erdenklichen Sprache, auch auf Deutsch eine solide

Auswahl. Wenn man Englisch oder gar Schwedisch kann, ist die Palette gigantisch. Und alles kostenlos. Man braucht nur die kleine rote Karte, und für die benötigt man nur – die Personennummer. Überflüssig zu sagen, dass ich auf das Ding richtig wild war! Und nun ist es endlich so weit: all you can read!

Ich fahre gleich mit der Bahn zur Hauptbibliothek am Odenplan. Das Gebäude liegt etwas abseits der Standard-Touristenpfade und wird oft bei Stockholmbesuchen ausgespart, was schade ist. Die Stockholmer Bibliothek ist weltberühmt und hat Architekturpreise gewonnen. Vor allem wegen ihres Grundrisses: Der Hauptraum ist rund, die Wand ist sind vollständig mit Büchern belegt. Und das auf drei Stockwerken! Das sieht schon sehr beeindruckend aus.

Das Anmelden ist kein Problem: Personennummer, Personalausweis, fertig! Ich hatte mir vorher online einige Bücher rausgeguckt. Ein Krimi, ein Hörbuch, ein Ratgeber ‚Auswandern nach Schweden'. Aber erst mal will ich mir einen Überblick über das Gebäude verschaffen.

Von der Haupthalle gehen mehrere Nebenräume ab. Ich betrete den Ersten, den zwischen den Krimis: Jura. Zu meiner Rechten gibt es einen weiteren Raum – ein Lesesaal, ohne zusätzliche Türen. Also zurück und in den zweiten Nebenraum: Religion, Sport, Fischen. Ja, Fischen ist eine eigene Abteilung. Und ein weiterer Raum, etwa so groß wie unser Klo, mit Kochbüchern und einer neuen Tür. Ich gehe hindurch – und stehe wieder im Hauptraum. Wie bin ich denn hierher gekommen? Egal, weiter! Zwischen den griechischen Klassikern: der nächste Raum- Lesesaal und drei Türen. Erste Tür: Kunst, Gartenbau, was auch immer das miteinander zu tun hat, und eine weitere Tür. Dahinter Medizin, Geographie und Ethik, nicht zu verwechseln mit Religion. Die dritte Tür führte in den Raum, in dem ich ganz zu Anfang war: Jura. Ich schwöre, dass es von der anderen Richtung her keine Tür gegeben hat. Diese Bibliothek ist ein Labyrinth. Ich komme mir vor wie bei Umberto Ecos ‚der Name der Rose'- nur ohne Sean Connery und ohne mordende Mönche. Man geht durch eine Tür, durch fünf Räume, und kommt auf der anderen Seite und in einem anderen Stockwerk der Bibliothek wieder raus. Natürlich ohne irgendwelche Treppen gegangen zu sein.

Ähnlich virtuos wie die Raumverteilung ist auch die Anordnung der Bücher. Mal davon abgesehen, dass die Themenverteilung in den einzelnen Räumen einer recht … eigenwilligen Logik folgt. Ich sehe auf meine Liste. Im Internet hat das alles so logisch ausgesehen, aber angesichts der Masse an Räumen schwindet mir der Mut. Ich beschließe, zunächst den Krimi zu suchen. Aber steht der jetzt bei den Krimis? Oder bei den deutschen Büchern (wollte die deutsche Übersetzung). Oder bei den schwedischen Büchern (der Autor ist Schwede). Ich finde das Buch schließlich bei den Reiseführern – schließlich spielt die Geschichte in Schweden. Logisch, oder?

Ganz kompliziert wird es bei dem Ratgeber zum Auswandern. Ich suche bei den deutschen Büchern, bei den Reiseführern – nichts. Also in der Onlinedatenbank nachgeschaut. Aber da steht leider nur, dass das Buch da ist, und die Signatur, aber keine Raumangaben. Ich frage eine Angestellte, die mich sehr freundlich (Schweden sind echt immer freundlich) darüber informiert, das System der Signaturen verstünde nur Jorge, der alte blinde Bibliothekar. Aber sie zeigt mir, wie man auf die alte Internetseite der Bibliothek kommt. Dort findet man genaue Informationen über den Standort der Bücher, mit Raum und Regalnummer. Das alte System wurde letztes Jahr abgeschafft, schätzungsweise, weil es so einfarbig und langweilig war: nur Informationen, keine blinkenden Buttons. Ich muss sagen, dieser Vorfall hat mich mit Schweden sehr versöhnt. Die Schweden waren mir schon fast unheimlich mit ihrer Effizienz und Genauigkeit. Aber ein gutes System abzuschaffen, um ein Mistiges einzuführen, ja das macht sie richtig menschlich.

Das Buch hab ich dann zu guter Letzt doch noch gefunden, im EU-Raum. Dieser Raum ist der Chaotischste von allen und enthält Bücher über Menschenrechte, statistische Jahrbücher von Stockholm, Beschreibung der Teile von Schweden, EU-Verfassung, EU-Parlament (aber nicht die Bücher über Politik, die waren in einem anderen Raum), sprich: Kraut und Rüben, Informationen, die absolut nicht zusammenpassen, zwischendurch Themen, die in ein völlig anderes Ressort gehören, und aufgeblasene Informationen, die in tausend Jahren keinen Menschen interessieren. Mir ist sofort klar, warum sie das Ding EU-Raum genannt haben.

Letzten Endes finde ich alle gesuchten Bücher und kehre mit manisch-glücklichem Grinsen auf dem Gesicht und vollem Rucksack nach Hause zurück. Nun liegt meine Ausbeute vor mir, ein Kaffee in meiner rechten Hand. Mit welchem Buch fange ich an? Das Auswandererbuch? Der Bildband? Nein, erst der Krimi! Aber vorher ziehe ich Handschuhe an. Man weiß ja nie!

# 7 SFI – SCHWEDISCH FÜR LEUTE VON GANZ WEIT WEG

Mittlerweile hat sich bei uns alles etwas eingespielt. Ich hab meine Personennummer und wir wissen, wo man was kaufen kann. Die Wohnung ist eingerichtet. Jetzt fehlt mir nur noch ein Job.

Es ist ziemlich schwierig, ohne Schwedischkenntnisse einen Job zu bekommen. Selbst wenn jemand mit deutschen Sprachkenntnissen gesucht wird: Die Anzeige ist auf Schwedisch, Bewerbungen in Schweden laufen nur über die Homepages der Firmen, und auch die sind immer schwedisch. Ohne Schwedisch geht es nicht.

Zum Glück gibt es in Schweden eine Einrichtung namens SFI, Schwedisch für Einwanderer. Jeder Ankömmling, egal ob Student, Flüchtling oder Auswanderer, hat ein Anrecht auf einen staatlich bezahlten Sprachkurs. Der Kurs soll Einwanderern die Integration erleichtern.

Ich hatte im Vorfeld von SFI gehört, auch einige Horrorstorys, die sich glücklicherweise allesamt nicht erfüllen. Vor Beginn des Kurses muss ich einen

Einstufungstest ausfüllen und werde in die Fortgeschrittenengruppe geschickt, in der ich mich zunächst einmal dezent fehl am Platz fühlte. Zwar habe ich bereits vor gefühlt tausend Jahren mal einen Schwedischkurs an der Uni besucht, aber die Leute in dem SFI-Kurs sprechen alle nur Schwedisch, und ich kann nicht ansatzweise mithalten. Die ersten Tage verbringe ich in einer Wolke aus finsteren Gedanken. „Ich schaff das nie!“ und „Wie können die das von mir erwarten? Ich bin doch grad erst angekommen?“ ist meine Grundstimmung je nach Tagesform. Nach zwei Wochen, in denen ich und meine Mitschüler mit Händen, Füßen uns stotternd verständigen, platzt dann der Knoten, und ich begreife: es ging nie darum, jede Frage richtig zu beantworten, oder besonders gut dazustehen, sondern darum, die Sprache möglichst schnell zu lernen, und das gelingt mir schneller, als ich es ohne diese Feuerprobe jemals geschafft hätte. Was ich nicht weiß, was ich erst Jahre später so richtig begreife: dass ich in diesen Tagen eine meine größten Lebenslektionen lerne. Ich erlebe und begreife, wie ist es ist, als Ausländer in ein anderes Land zu kommen, an der Seite anderer Ausländer zu lernen, nicht „Ausländer zu kennen“ oder „nichts gegen Ausländer zu haben“, sondern Ausländer zu sein.

Neben der Sprache lernen wir auch einiges über die Kultur von Schweden. Die Schule arbeitet eng mit dem Arbeitsamt und dem Einwandereramt zusammen, und im Kurs behandeln wir die wichtigsten Fragen, die man als Einwanderer so hat, beispielsweise, welche Rechte man in Schweden hat und welche Pflichten, welche Versicherungen es gibt, welche Feiertage und wie diese gefeiert werden. Sogar Ausflüge machen wir, zum Beispiel in den Tyresta Nationalpark.

Der Kurs dauert nur drei Monate, die in einem Wirbel aus Worten, Eindrücken und Kulturen verfliegen, und dann stehe ich plötzlich da, mit einem Zettel in der Hand. Bestanden! Habe ich in der Zeit schwedisch gelernt? Njein! Sprachkurse sind sehr stark vom Lehrer abhängig. Ich habe bei SFI hundertmal mehr gelernt als beim Nachfolgekurs COMVUX, der aus Grammatikübungen und Gedichtanalysen besteht. Richtig schwedisch gelernt habe ich in den Cafés und Bars von Stockholm, beim Treffen mit echten Schweden, im echten Gespräch, in denen ich meine Worte zusammenkratze, stammele und kämpfe, bis es leichter wird, und die Worte fließen. Aber dank SFI habe ich die Grundlage dafür, und dafür bin ich unglaublich dankbar.

Der Ausflug, an den ich mich am besten erinnere, ist unser Trip zum Tyresta Nationalpark, der einfach so wundervoll – schwedisch war. Das Ganze hat was von Wandertag in der Schule an sich, und ich freute mich wie ein kleines Kind darauf. Draußen in der Natur mit den Mitschülern, Picknicken im Wald ... aber am meisten freute mich, dass ich zu spät kommen konnte, zum ersten Mal seit Jahren. Nicht, weil ich seit Jahren keine Wanderungen in der Art mitgemacht hätte, im Gegenteil. Aber bei denen war ich selbst immer der Exkursionsleiter. Abgesehen davon, dass mein Chef mich gelyncht hätte, und es einfach schlechter Stil ist-man kann zu seiner eigenen Exkursion nicht zu spät kommen. Wie soll das aussehen? Ich komme angewetzt, stelle mich mit einem entschuldigenden Lächeln in die letzte Reihe zwischen die anderen Leute und flüstere: „Haben wir schon angefangen?"

Bei der Wanderung heute kann ich zu spät kommen. Mit unauffällig in die letzte Reihe drücken wird es allerdings trotzdem nichts. Wir haben uns mit ein paar Leuten im Zentrum verabredet, um von da aus zum Nationalpark weiter zu fahren. Weil ich den falschen Bus erwischt habe, muss ich laufen, eigentlich rennen und komme

abgehetzt zwei Minuten zu spät. Keiner der Leute, mit denen ich verabredet war, ist zu sehen. Dafür sehe ich Mohammed und den Iraner, dessen Name mir nie einfällt. Also gehe ich zu ihnen:
Ich: „Habt ihr die Anderen gesehen?"
Mohammed: „Nein wir sind die Ersten."
Ich: „Ist das denn die richtige Haltestelle?"
Mohammed: „Nein, aber wir sollen auf Örjan (den Lehrer) warten."
Ich: „Aber der wartet doch an der Endhaltestelle auf uns"
Mohammed: „Wirklich? Dann müssen wir den Bus um Viertel vor nehmen."
Ich: „Ich dachte, der Bus wäre um Viertel vor an der Endhaltestelle."
**Im Hintergrund fährt unser Bus ab**
Soweit das Gespräch, wie es hätte sein sollen. Aber weder Mohammed noch der Iraner können Englisch, und ich kein Arabisch, so dass wir uns nur auf Schwedisch verständigen können. Und da wir alle da noch ziemliche Anfänger sind, sah das tatsächliche Gespräch etwa so aus:
Ich: „Habt ihr einander gesieht?"
Mohammed: „Nein wir sind eins."
Ich: „Gutt, ist das die richtig Haltplatz für ein Buss?"
Mohammed: „Nein, aber wir müssen erst erwarten Örjan (den Lehrer)."
Ich: „Ich denkte, dass er erwartet wir kommen zu Nyfros?"
Mohammed: „Ja? Er sägte, wir müssen nehmen Bus um 55 … 15 … 45."
Ich: „Ich dänkade, dass Bus ist um viertel wo Örjan wärtete."
**im Hintergrund fährt gerade unser Bus ab.**

Unser Bus ist also weg, was heißt, eine

Viertelstunde warten. „Na gut“, denke ich mir, „dann muss ich den nächsten Bus nehmen und in die Gruppe mogeln“. Da kommt Tip um die Ecke, eine der Mädels, mit der ich mich verabredet hatte. Während wir ihr mit vereinten naher-Osten-Schwedisch und Deutsch-Schwedisch erklären, dass der Bus weg ist, kommen Gayane und Leona, dann die Rumänen, und so weiter. Es gibt Broadwaymusicals, wo am Anfang ein einsamer Sänger auf der Bühne steht, und dann kommt noch einer dazu, und dann noch einer, und noch zwei, bis am Ende die gesamte Bühne voll steht. An unserer Choreographie müssen wir noch arbeiten, aber den Gesang haben wir perfekt hingekriegt. Am Schluss stehen zwei ziemlich perplex guckende schwedische Damen mit ihren Einkauftüten an der Bushaltestelle zwischen einem Haufen Ausländer, die sich auf schwedisch mit kurdischem, arabischem, armenischem, deutschem, koreanischem, kubanischem, kroatischem, polnischem und rumänischem Akzent unterhalten.

Sich mit vierzehn Mann heimlich zur Gruppe dazu gesellen ist natürlich nicht möglich. Also kommen wir ganz offen dazu, was anscheinend aber außer mir niemanden der zu spät Gekommenen stört.

Ich habe mich im Vorfeld etwas gewundert, warum man solche Ausflüge in den Nationalpark im Rahmen eines Sprachkurses macht: Viele Einwanderer fürchten sich vor der Natur. Sie denken bei Natur an etwas Feindliches, etwas, von dem man sich fernhalten muss. Bevor man das als aufgeklärter Mitteleuropäer belächelt, überlege man sich bitte, mit welchen Tieren die Einwanderer in ihren Ländern rechnen müssen, sobald sie in die Wildnis rausgehen. Und man bedenke, welches Geplärre regelmäßig losbricht, sobald jemand auf die Idee kommt, Bären in Deutschland ansiedeln zu wollen. Schweden hat sowohl Bären als auch Wölfe, erklärt uns Martina, unsere schwedische Führerin, die wie alle

Schweden furchtbar nett ist. Aber die gefährlichsten Tiere Schwedens seien Zecken. Bären hingegen seien extrem selten, wer eine Spur findet, hat Glück, einen zu sehen, ist schon Riesenglück, und von einem angegriffen zu werden ist so gut wie ein Sechser im Lotto (Über den Sechser würde ich mich mehr freuen). Statistisch gesehen wird einmal im Jahr eine Person von einem Bär attackiert, meistens Jäger, die den Bären nur angeschossen haben, oder Bekloppte, die beim Anblick von Bärenjungen unbedingt mit den süßen Teddys spielen wollen.

Natürlich sehen wir an diesem Tag keine Bären, auch keine Wölfe, Elche oder so. Dafür jede Menge Natur. Martina zeigt uns die Pflanzen, die hier wachsen, ob sie essbar sind, und wofür sie verwendet wurden/ werden. Das sieht etwa so aus:

„Das sind Blaubeeren, die Blüten sind essbar. Probiert mal!"

*Blüten werden rumgegeben, jeder beißt rein*

„Und das ist eine Fichte, die jungen Triebe kann man essen."

*Wieder wird was Grünes herumgereicht.*

„Und das ist Sauerklee, auch den kann man essen"

*Dritter Gang*

Und so weiter. Das Ganze ist eigentlich faszinierend, nimmt aber irgendwann irrwitzige Formen an, nach dem Motto: „Und heute schicken wir unsere Schüler zum Grasen auf die Weide."

Traumhaft hingegen die riesigen Seen, die monumentalen Felsen und die Größe! Es gibt so viel Natur hier. Man läuft und läuft, und man begegnet niemandem. Sehr entspannend!

Als krönender Abschluss kommen wir in den Bereich, in dem Biber leben. Die sehen wir natürlich auch nicht, dafür eine richtige Biberburg. Obwohl ich im

Saarland in dem Biosphärenreservat mit Bibern gearbeitet hab, haben diese, ganz unsaarländisch, keine Burgen gebaut (waren auch keine echten saarländischen Biber, sondern Importierte von der Elbe. Noch ein paar Generationen und die heimwerken auch mit). Diese zwei Meter hohen Haufen sind schon ganz schön beeindruckend!

Damit ging der Ausflug zu Ende, und für mich geht es heim und unter die Dusche. Beim Abseifen entdecke ich ein gefährlichstes Tier Schwedens. Was bin ich froh, dass das nur eine Zecke und kein Bär war! Der hätte ja gar nicht unter die Dusche gepasst …

# 8 UNTERWEGS IN MITTELSCHWEDEN

Drei Deutsche, zwei Franzosen, eine Chinesin, ein Pakistani, ein Russe, eine Türkin und ein Äthiopier fahren in die schwedische Provinz. Was sich anhört wie der Auftakt zu einem etwas umständlichen Witz, war in Wirklichkeit unser Osterprogramm. Vier Tage lang bereisen wir Mittelschweden, durch Dalarna nach Mora, zum Storsjö, und dann an der Küste über Sundsvall und Gävle zurück.

*Von Arlanda nach Avesta*

Nachdem wir uns eingerichtet haben, wollen wir natürlich das Land kennenlernen. Ostern nähert sich und wir wollen gerne wegfahren. Aber leichter gesagt als getan. Wie anfangen? Einfach drauf losfahren? Und wohin? Wir überlegen tagelang hin und her, Ostern rückt immer näher und wir haben die Idee schon fast abgeschrieben, als ich im Internet eine Anzeige lese: Eine Französin namens Charlotte will unbedingt das Pferd von Avesta sehen, und von da aus einen Trip durch Mittelschweden machen, und sucht nach Mitfahrern. Ich bin etwas zögerlich, mit Fremden mitzufahren. Ich hasse Busreisen und Tommy Jauds Hummeldumm klingt für mich wie die pure Beschreibung der Hölle. Andererseits ist Ostern nur noch eine Woche entfernt. Der beste aller Männer, immer offener als ich für neue Leute, ist Feuer und Flamme. Und so finden wir uns an einem sonnigen Karfreitag morgen mit zehn Unbekannten im Zug nach Arlanda wieder.

Arlanda ist der große Flughafen Stockholms und liegt etwa eine halbe Stunde nördlich des Stadtgebiets. Von da aus kommt man in alle Länder dieses Planeten. Unser Ziel liegt viel näher: die Autovermietung. Die Autos in Arlanda sind zwar etwas teurer als die, die man in Stockholm mieten kann. Dafür haben die Vermietungen quasi rund um die Uhr geöffnet, auch am Karfreitag. Die Autos abholen geht ganz einfach, unser Gepäck einzuräumen gestaltet sich schwieriger. Trotz der immer noch eisigen Temperaturen während der Nächte planen drei von uns, zu zelten. Also haben wir neben Rucksäcken, Taschen und Beuteln auch ein Zelt und diverse Schlafsäcke zu verstauen. Wir quetschen und falten, und endlich, nach dreimaligem Umpacken haben wir alles unter. Wir grinsen einander an, zehn Fremde, die durch die gemeinsame Herausforderung bereits miteinander vertraut werden, und teilen uns auf die Autos auf, um, schon etwas verspätet, dem Pferd unsere Aufwartung zu machen. Erst als Oumer sich nicht anschnallen kann, bemerken wir, dass unser Auto ein Viersitzer ist. Also noch mal zurück zur Vermietung und erklären, dass wir genau genommen mit fünf Leuten nicht in ein Auto können, das nur für vier Leute zugelassen ist. Nein, wir haben angegeben, dass wir fünf Personen sind. Nein, wir können nicht zusammenrücken. Sie haben kein anderes Auto? Nicht unser Problem, treiben Sie eins auf!

Wie aus dem Nichts gibt es dann plötzlich doch ein

anderes Auto, mit fünf Sitzen, aber einem noch kleineren Kofferraum. Also eine weitere Runde Taschentetris, und dann kann es endlich losgehen.

Stockholm verblasst in Minutenschnelle zu einer steinernen Erinnerung. Frisch aufgetaute Felder und Waldstücke erstrecken sich zu beiden Seiten der Straße. Ab und zu kommt ein einzelner Bauernhof in Sicht, ein Haupthaus und drei oder vier Wirtschaftsgebäude, alle in dem für Schweden typischen Rot gestrichen. In der Ferne tauchen die Türme von Uppsala auf, der berühmten Universitätsstadt 50 Kilometer nördlich von Stockholm. Doch heute bleibt uns keine Zeit für das ehrwürdige Uppsala, denn wir wollen pünktlich zur Nachmittagsführung an den Gruben von Falun sein.

Manche Dinge müssen dann aber doch sein, Pinkelpausen zum Beispiel. Nach anderthalb Stunden halten es zwei der fünf Mitfahrer nicht mehr aus, also den nächsten Parkplatz ansteuern. Der gehört zu einem winzigen Ort, der sich hinter den Bäumen fast vollständig verstecken kann. Nur die winzige Kirche ist zu sehen. Die Kirchentür steht offen, und so gehen wir hinein.

Wir werden empfangen von dem Geruch nach altem, lackiertem Holz, angenehmer Kühle und einer Kirchenwächterin, die sichtlich erfreut ist, uns zu sehen. Sie erzählt uns von der Geschichte der Kirchen. Einst waren sie das Zentrum des Lebens in allen kleinen Dörfern. Jeder, ob jung oder alt, traf sich mindestens einmal die Woche in der Kirche. Diese Zeiten sind vorbei. Die Säkularisierung hat Schweden noch viel stärker getroffen als Deutschland. Heute wird die Kirche noch einmal im Monat für einen Gottesdienst genutzt, mit etwas zwanzig Besuchern. Immer noch können wir die Namen der Ortsteile an den Bankreihen entziffern. Wir bewundern die Deckenbemalung und die dekorierte Kanzel. Dann müssen wir weiter. Die Kirchenwächterin bleibt im Halbdunkel zurück. Wahrscheinlich waren wir an diesem Tag ihre einzigen Besucher.

Bemalte Holzpferdchen sind seit dem 16. Jahrhundert aus Schweden, besonders aus der Region Dalarna bekannt. Wie die Figuren aus dem Erzgebirge dienten sie ursprünglich nicht als Touristenmitbringsel, sondern als Spielzeug für die Bauernkinder. Die langen kalten Wintertage waren ruhiger auf den schwedischen Höfen, und die Bauern vertrieben sich die Zeit damit, Schnitzereien von Tieren anzufertigen. Pferde waren die beliebtesten Motive, aber es gibt auch Dalahühner, Dalakühe und Dalaschweine. Die Holztiere werden rot bemalt und dann mit farbigen Blumengirlanden verziert.

1933 wurde das Dalahäst auf der Weltausstellung in New York präsentiert, und dadurch weltbekannt. Seitdem ist das Dalahäst eines der Symbole Schwedens und steht für die ländliche Kunstkultur. Wenn man durch Stockholms Souvenirläden schlendert, trifft man überall auf die roten Pferdchen und ihre andersfarbigen Gefährten aus dem Tierreich.

Total hibbelig wippe ich mit den Füßen, als wir uns Avesta nähern. Teilweise wegen des Dalahästs, immerhin eine der berühmtesten Sehenswürdigkeiten Schwedens aber vor allem, weil wir geplant haben, unter dem Pferd vor einer romantischen schwedischen Kulisse zu picknicken. Wir waren am Morgen verspätet aufgebrochen, und ich habe noch nichts gegessen. Es ist schon seltsam. Falls jemand nach meinem politischen Weltbild fragen würde, würde ich ohne Zögern antworten: verfluchter Intellektueller. Ich liebe nächtelange Diskussionen, vorzugsweise mit einem Glas Rotwein, über Religion, Weltfrieden oder den Zustand der menschlichen Rasse. Aber fallen nur ein, zwei Mahlzeiten aus, sinke ich herab zu den primitivsten menschlichen Trieben, mit nur noch einem Gedanken: Essen! Pferd bedeutet Frühstück. Mann bin ich wild darauf, das Vieh zu sehen!

Wir biegen um die nächste Kurve und da ist es! Das 13 Meter hohe Avestapferd glotzt uns entgegen. Wir fahren von der Autobahn ab und folgen dem Zeichen Richtung Pferd. Und Richtung Industriegebiet. Das riesige Avestapferd besteht natürlich nicht aus Holz wie seine kleinen Artgenossen, sondern aus Beton, so wie alles andere in seiner Umgebung. Ich habe etliche Fotos vom Dalahäst gesehen, aber da war nie zu erkennen, dass das mitten auf einem hässlichen Parkplatz steht.

Wir schießen ein paar Fotos und beschließen dann so zögerlich wie einstimmig, einen besseren Platz zum Picknicken zu finden. Mein Magen ist dagegen, aber der bekommt keine eigene Stimme. Ich setze mich und schnalle mich an, als etwas in meinem Schoß landet: eines meiner Brote aus dem Rucksack! Der beste aller Männer grinst mich an. „Bevor du noch mich ankaust..."

Enttäuscht lassen wir das Avestapferd hinter uns. Jeder hatte von dem Pferd gesprochen, es war mehr oder weniger der Grund für diese Fahrt gewesen. Und nun das … aber wir sind erst am Beginn der Reise, und noch wissen wir nicht, dass noch mehr Pferde auf uns warten. So viele Pferde mehr!

*Wunderbares Dalarna! Von Falun nach Mora*

Die Faluner Kupfergruben produzierten im sechzehnten Jahrhundert mehr Kupfer als irgendjemand anderes auf dem Weltmarkt, waren größter Arbeitgeber Schwedens und Haupteinnahmequelle der schwedischen Könige, die sich sogleich daran machten, dies ihren Nachbarn in Form von Kanonen und Schiffsflotten zu zeigen. Seit 2001 gehört das mittlerweile stillgelegte Grubengelände zum UNESCO-Weltkulturerbe und begrüßt jeden Tag Touristen …

außer an jenem Tag. Als wir in fliegender Eile von Avesta hinaufgeschossen kommen, finden wir statt der erwarteten Touristenmengen eine verschlossene Tür und einen Zettel: „Heute keine Führung.“ Der Trip beginnt zu nerven. Erst das Avestapferd im Industriegebiet, jetzt die geschlossene Mine. Ich schlucke meinen Frust mühsam runter und folge den Anderen. Nur die Grube selbst ist verschlossen, das oberirdische Gelände können wir betreten. Wir spazieren den stillgelegten Bahngleisen folgend an den Abraumhalden und ominösen alten Grubengebäuden vorbei. Ein Haus sieht aus wie eine Inkapyramide für Arme, aus drei Quadern aufeinander gesetzt. Ich tippe auf eine Kirche. Daneben ein repräsentativer Prachtbau. Die vom Management schaffen es doch immer irgendwie, sich die besten Räume zu greifen. Immer wieder schweift der Blick zu einem Zaun, der das Zentrum vom Rest des Geländes abtrennt. Schließlich geben wir jede Zurückhaltung auf und tappen darauf zu.

Kupferbergbau in Falun ist seit dem 13. Jahrhundert urkundlich nachgewiesen. Zunächst wurde das Metall an der Oberfläche abgebaut, als die Oberflächenader erschöpfte, ging man in die Tiefe. Im Laufe der Jahrhunderte wurde das Gebiet durchlöchert wie ein Schweizer Käse. Dies blieb nicht ohne Folgen.

Am Mittsommertag 1687 brachen die Schächte der Faluner Mine in sich zusammen. Als sich der Staub verzog, lag ein 90 Meter tiefes und über 100 Meter breites Loch an der Stelle, an der sich die Minen befunden hatten. Wie durch ein Wunder wurde niemand verletzt. Niemand war in der Mine gewesen, weil alle Bergleute betrunken in irgendwelchen Feldern in der Umgebung rumlagen. Das wiederum ist kein Wunder, sondern normales Verhalten zum schwedischen Mittsommer. Das war übrigens nicht das Ende der Mine. Bereits kurze Zeit später wurde die Arbeit wieder aufgenommen, nun vom Grund der Grube aus.

Die Pinge, das riesige Loch, liegt vor uns. Die

kupferhaltigen Hänge leuchten in der Sonne in intensivem Rot, Gelb und Braun, so, als hätten sich die Farben eines schwedischen Herbstwaldes für alle Zeiten in diese Steine eingebrannt. Wir starren. Und starren noch etwas mehr. In diesem Moment hat sich die Fahrt schon gelohnt, allein für diesen einzigartigen Anblick. Wir setzen uns ins Gras und packen unsere restlichen Stullen aus. Zum ersten Mal in diesem Jahr ist es warm genug, im T-Shirt draußen zu sitzen.

Während wir noch so da liegen, bekommen wir Besuch von einem extremschwedischen Schweden. Wir haben ja alle ein Bild im Kopf, wie Schweden auszusehen haben. Der extremschwedischste Schwede ist blond, mit heller, fast transparent wirkender Haut. Außerdem stammt er aus Falun und hat als Schüler in den Sommerferien sein Taschengeld als Guide bei den Faluner Gruben verdient. Das allein ist noch nicht so ungewöhnlich, jeder in Falun hat direkt oder indirekt irgendetwas mit den Gruben zu tun. Aber wieso kommt aus heiterem Himmel ein Reiseführer bei uns vorbei? Komischer Zufall? Natürlich nicht! Der Extremschwede ist ein Kumpel von einem unserer Mitfahrer. Und so kommen wir doch noch zu unserer Führung. Wir können die Häuser und die Mine zwar nicht betreten, aber er führt uns draußen herum, während er sein altes Führungsprogramm aus dem Gedächtnis zieht. Zum Beispiel standen die Gebäude früher viel näher an der Pinge und wurden, als der Boden instabil zu werden drohte, weiter vom Abgrund entfernt. Zu den besten Zeiten der Grube war Falun größer als Stockholm. Das Inkahaus ist keine Kirche, sondern ein Förderhaus. Ein leichter Geruch nach Teer und Schwefel liegt die ganze Zeit in der Luft, und nur einige unerschrockene Pflanzen krallen sich in den Boden in und um den Krater. Früher, erklärt uns Extremschwede, sei das noch schlimmer gewesen. Rund um die Grube konnte keine Pflanze überleben.

Dann führt er uns zu einem hässlichen Gebäude, das in keinem Reiseführer erscheint. Trotzdem hat es vermutlich mehr zum Bild von Schweden in der Welt beigetragen, als irgendein anderes Haus, vielleicht mit Ausnahme des Königshauses. Das Gebäude ist eine Fabrik, und hier wird Faluröd produziert, die rote Farbe, mit der fast alle Schweden ihre Wochenendhäuser streichen. Ursprünglich wurde sie verwendet, um die Backsteinhäuser der reichen Hansekaufleute nachzuahmen. Abgesehen vom Königshaus war Schweden bis ins 20. Jahrhundert ein armes Bauernland. Die tiefrote Farbe wird seit jeher hier in Falun nach demselben Rezept in einer aufwändigen, mehrmonatigen Prozedur hergestellt. Verwendet werden ausschließlich der kupferhaltige Abraum aus der Faluner Grube, außerdem Mehl, Leinöl und Wasser. Ich frag mich ja immer noch, wie die auf das Rezept gekommen sind. Hat da jemand seinen Pfannkuchenteig an das Haus geworfen?

Je nach Brennungsgrad der Steine gibt es übrigens unterschiedliche Farben, von leuchtendem Rot, über Dunkelbraun bis Gelb. Grau gab es auch mal, aber die Farbe wollte keiner.

Es wird geschätzt, dass die Schuttberge aus der nun stillgelegten Grube noch ungefähr 100 Jahre reichen. Was danach kommt, weiß keiner. Vielleicht wird man sich entschließen, die Schlacken aus anderen, noch aktiven Kupfergruben aus Übersee zu verwenden. Vielleicht wird es bis dahin sogar wieder neuen Abraum aus Falun geben. Vor kurzen wurden Silbervorkommen entdeckt, die nach Meinung einiger Experten abbauwürdig sind. Davor stehen noch viele Fragezeichen. Man müsste die Grube wieder öffnen, und die Bergwerke würden Ihren Titel UNESCO-Welterbe verlieren. Derzeit hat man einen Exportstopp für das

Faluröd verhängt, damit die Nationalfarbe Schwedens möglichst lange den Schweden zur Verfügung steht.

Nach der Führung beschließen wir, zu grillen. Wir wollen den Extremschweden zum Essen einladen, aber ehe wir uns versehen, lädt er uns ein und ruft sofort seine Eltern an, damit die schon mal den Grill anfeuern. Das Essen haben dann aber doch wir eingekauft, und als er seinen Teil bezahlen will, ihm kräftig auf die Finger gehauen. Den Rest des Nachmittags verbringen wir in einem schwedischen Garten, vor einem Holzhaus und umringt von pfeifenden Vögeln. Mehr Klischee geht nicht. Auf dem Grill brutzeln Fleisch, Halloumis für unsere vegetarischen Mitfahrer und Fleischwurst. Die Fleischwurst ist natürlich die Falukorv, die regionale Lyoner. Bevor Stahlseile verwendet wurden, wurden die Seile für die Förderkörbe aus Ochsendärmen gefertigt. Für ein Seil wurden mehrere hundert Ochsen benötigt. Die deutschen Bergleute warfen einen Blick auf den übrig gebliebenen Fleischberg und dachten: „Wurst!" Heute besteht die Falukorv nicht mehr aus teurem Ochsen, sondern aus Schweinefleisch und ist Bestandteil zahlreicher schwedischer Spezialitäten.

Am liebsten wären wir in dem Garten einfach sitzen geblieben. Aber leider haben wir in Mora Zimmer gebucht und so müssen wir uns schon bald nach dem Essen auf den Weg machen. Vorher fahren wir noch kurz zur Faluner Wintersprungschanze. Nach einem schweißtreibenden Aufstieg, die Dinge sind echt so steil, wie sie aussehen, haben wir einen fantastischen Ausblick auf die Gruben, die Stadt und den See im Abendlicht. Doch dann fahren wir weiter, den Extremschweden im Rückspiegel zuwinkend, auf den Weg nach Mora. Wir hätten ihn gerne mitgenommen.

*Von Mora nach Östersund*

Der Morgen dämmert am Siljansee, und alle Vögel beginnen ihr morgendliches Konzert. Und ich meine: Alle! Eigentlich mag ich Vogelgezwitscher, sogar das Gequieke der Spatzen, die wahrscheinlich nur zu den Singvögeln zählen, weil sie für Flamingos nicht langbeinig und pink genug sind. Aber das hier ist einfach nur Krach. Die Möwen mit ihrem elenden: „Meins, meins“, brüllen gegen die Amseln an. Die Meisen setzen auf ihre zahlenmäßige Überlegenheit. Der Vogel direkt vor unserem Fenster schreit exakt mit derselben Quäk-Frequenz wie mein alter Wecker aus der Schulzeit. Den habe ich irgendwann in einem Wutanfall an die Wand geworfen. Können Wecker wiedergeboren werden?

Bei dem Lärm kann ich nicht schlafen. Da stehe ich lieber auf und gehe Kaffee kochen. Die Jugendherberge besteht aus mehreren kleinen Häuschen, jeweils mit Küche und Aufenthaltsraum. Wir haben eines der Häuser für uns allein. Es wundert mich immer wieder, wie vertrauensvoll die Schweden sind. Unsere Schlüssel haben wir aus einem Schließfach bekommen, alle Schränke in der Herberge sind offen. Niemand ist da, um uns zu überwachen. Wenn wir wollten, könnten wir hier mit 30 Leuten einfallen.

Während ich an meinem Kaffee nippe, klopft es am Fenster. Die meisten von uns haben in der Jugendherberge geschlafen, aber drei Unerschrockene haben die Nacht draußen im Zelt verbracht. In Schweden darf überall wild gezeltet werden, solange man niemanden stört. Zum Frühstück haben wir uns hier in der Herberge verabredet. Aber lang hält es uns da nicht. Wir sind in Mora, im Zentrum von Dalarna, das für viele Leute als der schönste Platz in Schweden gilt. Fragt man einen Schweden, welcher Flecken seines Landes der Reizvollste sei, wird er in überwiegenden Fällen mit träumerischen Augen in die Ferne starren und vom

Charme des Siljans erzählen: von den beschaulichen Städtchen, vom klaren Wasser, den kleinen Buchten, perfekt zum Schwimmen und zum Entspannen. Der Siljansee entstand vor 350 Millionen Jahren durch einen Meteoriteneinschlag. Bevor jetzt jemand mit Dinosaurier-Aussterben kommt – das war sehr viel später. Zur Zeit des Siljaneinschlags krochen gerade mal die ersten Meeresbewohner an Land – vermutlich, um nachzusehen, was der höllische Krach auf dem Festland zu bedeuten hatte.

Wir verbringen den Vormittag in Mora, kaufen Postkarten, Wein und Essen (Barbecue), gehen im Garten des Malers Zorn spazieren und machen Fotos von uns und den niedlichen Dalahästen, die überall herumstehen. Dann fahren wir weiter, langsam durch Dalarna in Richtung Norden. Und es gibt so viel zu sehen. Wir besichtigen eine Dalahästfabrik, in der die Tierchen geschnitzt und bemalt werden. In einem Verschlag entdecken wir eines der alten Kirchenboote, die in früheren Jahrhunderten auf dem Siljan kreuzten und die Bauern rund um den See für den sonntäglichen Kirchbesuch abholten. Einmal jährlich fanden auf dem Siljan Rennen mit den Kirchenbooten statt, von denen Ehre, Ruhm und vermutlich auch Chancen bei den Frauen der jungen Männer abhingen. Quasi Drachenbootrennen in alten Zeiten.

Und dann überqueren wir die Grenze zwischen Dalarna und Härjedalen – und auf einmal fühlen wir uns ganz schön allein. In Schweden leben derzeit ungefähr 10 Millionen Menschen, das ist etwa ein Achtel der Bevölkerung Deutschlands, und das auf einer größeren Landfläche. Mehr als ein Drittel ballen sich in den Metropolregionen Stockholm, Göteborg und Malmö. Andere Regionen des Landes auf der anderen Seite sind praktisch leer. Stundenlang fahren wir durch das Nichts. Keine Wiesen, keine Felder, nur Wald, Felsen, Wald,

Seen, Wald, kleine Flüsse. Habe ich Wald erwähnt? Ab und zu kommt ein einsamer Hof ins Sicht, die Büsche geschmückt mit bunten Federn. Schließlich ist morgen Ostern. Ansonsten gibt es keine Anzeichen von Zivilisation, und natürlich verirren wir uns. Als wir nach mehreren Stunden den Wald verlassen, finden wir uns im Alpenvorland wieder.

Zumindest sieht es so aus. Grüne, saftige Wiesen, kleine Dörfchen, idyllische Kirchen, und im Hintergrund steigen majestätisch die Berge in den Himmel. Wir sind im Fjäll angelangt, dem Gebirge, das sich zwischen Norwegen und Schweden über die Länge der skandinavischen Halbinsel erstreckt. In einem winzigen Ort namens Vemdalen lädt ein Kirchenschild zu Ruhe und zur Rast ein. Wir öffnen die Tür mit dem größten Schlüssel, den ich in meinem ganzen Leben gesehen habe.

Die Kirche ist kühl und ruhig. Statt eines menschlichen Führers gibt es einen Lautsprecher, der in verschiedenen Sprachen Informationen anbietet, und wir lauschen gerne den Ausführungen zu Geschichte und Bau der Kirche. Dann suchen wir den Ausknopf. Es gibt keinen! Das Ding redet weiter und weiter, erklärt uns in epischer Breite jede kleine Einzelheit, jede Schnitzerei in der wirklich wunderschönen Kanzel.

Endlich verstummt die Stimme und gesegnetes Schweigen erfüllt den Raum. Für etwa drei Sekunden, dann fängt das Ding mit dem gleichen Geplapper auf Schwedisch an. Na gut, wir müssen sowieso weiter, denn heute noch wollen wir nach Östersund, dem nördlichsten Punkt unserer Reise.

## *Seemonster und Döda Fall – von Östersund nach Sundsvall*

Der Ostersonntag dämmert, und wieder einmal antworten alle Vögel. Faszinierend, was Möwen so für

Töne von sich geben – und Mitschläfer! Von der anderen Seite des Raumes her klingt ein tiefes Sägen, gefolgt von einem pfeifartigen Trillern. Ich habe noch nie gehört, dass jemand beim Ein- und Ausatmen schnarcht. Dann höre ich genauer hin. Das Sägen kommt aus dem oberen Bett, das Trillern aus dem Unteren. Tatsächlich handelte es sich um zwei Schläfer in perfekter Harmonie.

Beim Aufstehen muss ich über zwei Leute am Boden steigen. Gestern Abend haben wir unsere Camper mit aufs Zimmer genommen. Wir sind nun am nördlichsten Punkt des Trips angelangt, und nachts sinkt die Temperatur unter den Gefrierpunkt. Das wussten wir zwar vorher, aber wissen und erleben sind noch mal zwei Paar Schuhe. Und erlebt haben wir das gestern beim Grillen. Der See war noch komplett zugefroren, und nach Sonnenuntergang kühlte es von Minute zu Minute weiter herunter. Wie eine Gruppe bunter Pinguine kauerten wir um die Einmalgrille, und als wir gegessen hatten, rannten wir beinahe zurück zur Herberge.

Wir frühstücken und checken aus. Die Übernachtung kostet ungefähr 200 Kronen, das Bettzeug nochmal 50. Ich habe mir das extra nicht genau gemerkt, weil es mich so aufregt! Was für eine grandiose Geldverschwendung! Jeden Abend übernachten wir an einem anderen Ort. Und jedes Mal müssen wir extra für das Bettzeug bezahlen. Warum haben wir kein Bettzeug mitgebracht? Naja, hinterher ist man immer klüger.

Die Besichtigung von Östersund dauert nicht allzu lange. Östersund ist eine typisch schwedische Kleinstadt, berühmt für zwei Dinge: Wintersport und Storsjöodjuret, ein sechs Meter langes Seeungeheuer, das angeblich im Storsjö lebt. Die Wintersportsaison ist vorbei. Also halten wir stattdessen Ausschau nach dem Storsjöodjuret. Am Vorabend beim Grillen haben wir in der Ferne etwas gesehen. Aber nun im Tageslicht des jungen Ostertages stellt sich der Schatten vom Vortag als Brücke heraus, die zur Insel Frösö führt. Ganz ehrlich, ich halte Storsjöodjuret für einen Werbegag: Wir haben keine großen Sehenswürdigkeiten, keine große Kulturszene, keine Besonderheiten gegenüber unseren Nachbarn … wo fährt Svensson dieses Jahr hin? Schottland? Loch Ness? Hmmmmm …

Apropos Kultur und Unterhaltung, Ostersonntag ist in Schweden zwar ein Feiertag, aber anders als in Deutschland sind alle Läden geöffnet. Auf unserem Streifzug durch die Gassen finden wir einen Trödelmarkt. Martin kauft ein fast vollständiges Kubb-Spiel und ich einige schwedische Mickymaushefte für die Fahrt.

Mittlerweile ist unsere Tour komplett zum Roadtrip geworden: Wir fahren durch die Gegend, und wann immer wir etwas Interessantes sehen, machen wir Rast. Auf diese Weise sehen wir an diesem Tag einen thailändischen Pavillon, einen toten Wasserfall, darauf komme ich gleich zurück, und einen See, der nur noch halb zugefroren ist, und auf dem man trotzdem noch laufen und rumspringen kann. Woher ich das weiß? Fragt lieber nicht!

Döda Fall, Todesfall, steht auf dem Wegweiser. Das hört sich vielversprechend an, gigantischer Wasserfall, tödliche Fluten, die jeden zerquetschen! Also biegen wir von der Straße ab und folgen dem Schild, bis wir zu einem Parkplatz mit Restaurant und Freilichttheater kommen. Die Gebäude sind verschlossen, hier im Norden hat die Saison noch nicht begonnen. Wir laufen am Restaurant vorbei, und hinter einigen Bäumen hört abrupt der Wald auf. Als hätte ein Riese aufgeräumt, erstreckt sich vor uns eine Felsenlandschaft, eine gigantische Schneise in dem Nadelforst, gefüllt mit scharfkantigen Felsen. Drumherum zieht sich endloser schwedischer Nadelwald, aber in der Schneise wachsen nur kleine Pflanzen und Büsche, zwischen denen sich ein hölzerner Pfad entlangschlängelt. Dem folgen wir, auf der Suche nach dem Wasserfall, wegen dem wir doch schließlich gekommen sind. Vergeblich!

Döda Fall heißt nicht Todesfall, sondern Toter Fall- weil der Wasserfall tot ist. Früher befand sich an jener Stelle der Storforsen, einer der höchsten und gefährlichsten Wasserfälle Schwedens. Der war ein Problem für die Holzfäller, die die Stämme nicht über den Wasserfall schicken konnten. Also wurde beschlossen, eine Rinne an dem eigentlichen Wasserfall vorbei zu ziehen, durch die die Stämme geleitet werden konnten. Das ging schief, spektakulär schief. Im ersten Frühling grub das Schmelzwasser die Rinne tief aus, durchfeuchte die Barriere zwischen Rinne und Wasserfall, die schließlich nachgab und weggespült wurde. Kennt Ihr die Szene aus Bad Boys, wo die Wand aus dem Swimmingpool ausbricht? In einer Nacht lief der riesige Ragundasee leer, riss Erde, Häuser und Bäume mit sich. Nach vier Stunden war der Spuk vorbei. Den Ragundasee und den Storforsen gab es nicht mehr. Nur das Bett des Wasserfalls blieb übrig.

Der Döda Fall ist nicht das einzig Seltsame, was wir an diesem Tag sehen. Wenige Kilometer weiter kommen wir an einem thailändischen Pavillon vorbei. Dieser wurde Ende des letzten Jahrhunderts in Erinnerung an den Siam-König Chulalongkorn errichtet. Warum man überhaupt auf die Idee kommt, hier mitten im Nichts einen asiatischen Pavillon aufzustellen, weiß ich auch nicht. Vielleicht ist den Leuten im Norden einfach nur so furchtbar langweilig, und Holzpferdchen schnitzen war schon von den Dalarnern besetzt. Also thailändischer-Pavillon-bauen. Jeder braucht ein Hobby!

Wieder und wieder fällt mir auf, wie einsam alles hier ist. Man versteht wirklich, warum so viele schwedische Krimiautoren in dieser Gegend ihre Leichen deponieren. Der Pavillon ist ebenso geschlossen wie das Restaurant am Döda Fall. In den Jugendherbergen sind wir praktisch alleine. An der Gegend liegt das nicht. Die ist fantastisch, überwältigend, wunderbar. In Deutschland würde man sich an solchen Plätzen tottreten. Aber hier ist man einfach zu weit weg von allem, und die Saison in Nordschweden beginnt erst im Mai.

Die letzte Nacht unserer Reise verbringen wir in Sundsvall. Die Jungendherberge war wahrscheinlich früher ein Hotel gewesen, imposante Eingangshalle, samtbezogene Stühle im Aufenthaltsraum. In der Lounge sitzen drei alte Schweden, die aussehen, als hätte man sie beim Umbau von Hotel in Jugendherberge in ihren Samtstühlen vergessen. Sie sehen sich einen schwedischen Thriller an, einen von der Sorte, wo ein guter Plot oder interessante Charaktere durch möglichst viele Leichen, hervorquellende Innereien in Nahaufnahme, inklusive Insekten und Vergewaltigungsszenen ersetzt werden. Und ich dachte, nur deutsche TV-Produktionen machen so einen Müll!

*Sundsvall und Rückfahrt*

Die Jugendherberge von Östersund liegt mitten in der Stadt, und so wecken uns an unserem letzten Tag kein Vogelgezwitscher, sondern Motorlärm, Geschrei und die Spatzen, die in den Bäumen husten. Der beste Mann und ich sind das einzige Pärchen der Gruppe, und in dieser Nacht gönnen die Anderen uns den ultimativen Luxus eines Zweierzimmers für uns allein.

Wir ziehen uns an und gehen nach unten. Komischerweise sind alle Frauen bereits versammelt, während die Jungs noch unter der Dusche rumlungern. Kein Problem! Wir checken aus, zahlen noch schnell unser Bettzeug und vertreiben uns die Zeit auf einem

Grünstreifen mitten auf dem Parkplatz mit unserem neuen KUBB.

Kubb ist ein Spiel für draußen und ähnelt ein wenig Boule. Man hat zwei Mannschaften und ein Feld, und jede Mannschaft hat sechs Holzklötze am Feldrand aufgereiht vor sich stehen. Ziel ist es, alle Holzpflöcke der gegnerischen Mannschaft mit Rundhölzern abzuwerfen. Dieses Spiel ist unter Schweden sehr beliebt, und wird vor allem beim Grillen oder Picknicken gespielt. Ich spiele ungern Kubb, denn ich bin grottenschlecht darin. Ich kann nicht zielen, werfe die Hölzer in alle Richtungen, und der einzige sichere Platz ist direkt über mir – manchmal nicht mal dort. Wenn ich getrunken habe, kann ich es wenigstens auf den Alkohol schieben. An dem Morgen habe ich keine Ausrede, und so schmeiße ich unter den fassungslosen Blick meiner Mitfahrer in alle Richtungen, und treffe nichts außer eine vorbeifliegende, lautstark protestierende Möwe. Wenigstens hab ich meine Rache für die Morgenkonzerte bekommen.

Wir müssen uns sehr sputen, denn eine unsere Mitreisenden muss in Gävle Ihren Zug erreichen. Aber kein Problem, von Sundsvall aus führt die Küstenautobahn direkt nach Stockholm. Unsere Siesta verbringen wir in Söderhamn. Wunderschönes Städtchen! Einmal zum Aussichtspunkt hoch, Mittag im Park, einmal auf die Schaukel, und schon geht es zurück auf die Straße. Bleifuß-Dimitri immer vorneweg, wir im zweiten Auto hinterher zockelnd.

Wir erwischen den Zug in Gävle und bleiben etwas ratlos am Bahnsteig stehen. Eigentlich haben wir ja noch Zeit. Und Gävle ist eine wunderschöne schwedische Kleinstadt mit vielen Sehenswürdigkeiten einer tollen Altstadt und einer sehenswerten Kirche. Wir schauen nichts davon an. Wir sind dermaßen voller Eindrücke der letzten Tage, dass wir einfach nur noch auf einer

Wiese liegen, Eis essen und Kubb spielen wollen. Also, die anderen wollen unbedingt Kubb spielen. Ich kaufe mir ein extragroßes Eis, verspeise es langsam und genussvoll – und komme so um eine weitere Kubb-Blamage herum.

Dann fahren wir weiter. Stockholm kommt immer näher, man erkennt es am Verkehr. Nicht dass es viel Verkehr gäbe. Es gibt überhaupt wieder Verkehr. Die Türme von Uppsala begrüßen uns von weitem. Hier haben wir vier Tage vorher unsere Reise begonnen. Ehe wir uns versehen, finden wir uns auf dem Parkplatz der Autovermietung wieder. Es heißt Abschied nehmen, von der Straße, von den Autos und voneinander.

Ehrlich gesagt habe ich gezögert, einen Urlaub mit völlig Fremden zu verbringen, doch es hat wunderbar funktioniert. Es war eine neue Erfahrung in einem Gebiet zu reisen für dass es nur wenige ausgewiesene Sehenswürdigkeiten gibt, also keine Vorgabe, was man sehen muss. Dadurch waren wir nur auf unser eigenes Gefühl angewiesen – und auf Charlotte, die die Reise zusammengestellt hat, und einen absolut wunderbaren Job gemacht hat. Ich glaube, jeder Reisende hat andere Erinnerungen. Für mich selbst sind es das halb-getaute, scharfgezackte Eis in einem schwedischen See, das Wasser kalt wie geschmolzenes Eis an meinen Füßen, das Farbenspiel der winzigen roten Blüten auf einem vielfleckigen Felsen am Döda Fall, eine Maus, die am selben Platz wie wir rastete, und die ich mit einem Viertel Apfel bestach (das bestinvestierteste Obst meines Lebens), die Kühle und der Geruch nach altem Holz in den schwedischen Kirchen.

Jeder Zentimeter von Schweden ist eine Sehenswürdigkeit, und ich kann jedem nur empfehlen, wie wir einfach loszufahren, mit einigen Eckpunkten und sich ansonsten treiben zu lassen. Wir selbst planen, bald zum nächsten Trip aufzubrechen, noch weiter nach

Norden, die Mitternachtssonne bestaunen und Moltebeeren sammeln. Und diesmal nehmen wir Bettzeug mit!

# 9 VALBORG

Im Mai beginnt in Schweden die schönste Zeit des Jahres: Die Wärme und das Licht sind zurück. Feiernde Schüler füllen Stockholms Straßen, um ihr bestandenes Abitur zu feiern, schon bald kann man wieder die ganze Nacht draußen sein, in den Seen schwimmen, grillen und im Freien sitzen. Das Fest, das diese Zeit einleitet, ist Walpurgis oder Valborg am 30. April.

Valborg hat sich aus einem dieser uralten, heidnischen Jahreszeitenfeste entwickelt. An Walpurgis wird das Alte und Tote, symbolisiert durch abgestorbene Äste etc., entfernt und verbrannt, um Platz für das neu erwachende Leben zu schaffen. Und bevor jemand auf die Idee kommt: Nein, mit Hexenverbrennung hat das nichts zu tun. Da wurde zwar auch meist Altes (alte Frauen) verbrannt, aber aus weltlicheren und dunkleren Gründen.

Walpurgis ist ein fröhliches Fest, an dem Chöre singen und Reden gehalten werden, an dem der Frühling willkommen geheißen und die bösen Geister des Winters vertrieben werden. Das klingt nach unmodern und Aberglauben, aber ich sage euch: Nach dem langen und saukalten skandinavischen Winter ist für mich absolut nachvollziehbar, dass man raus und feiern will!

Walpurgis beginnt in der Dämmerung mit Fackelzügen in den Gemeinden, die an einem Festplatz enden. Dort wird gesungen, es werden Reden gehalten und dann das Feuer entzündet. Ich hatte vorher von Valborg gelesen, dass das Wichtigste das große Feuer wäre. Feuerfeste kenne ich, vom Osterfeuer im Harz und den Martinsfeuern im heimischen Saarland. So etwas Ähnliches erwartete ich, etwas Kleines und Knuddeliges.

Martin kommt an diesem Tag später von der Uni, so dass wir den Fackelzug verpassen. Wir schauen schnell im Internet nach, wo der Festplatz sein soll, und machen uns auf den Weg. Der Platz ist ziemlich abgelegen, und ich hoffe, dass wir ihn finden. Dann sehen wir den Rauch. Wie eine gigantische Hand zieht ein schwarzer Schleier über den blauen Himmel. Mittlerweile haben wir in puncto Tageslänge Deutschland überholt und es ist bis halb zehn hell. Kann das das Feuer sein? Unmöglich! Wir sind noch viel zu weit entfernt. Doch je weiter wir kommen, desto dichter wird der Rauch. Der Großraum Stockholm muss heute vom Flugzeug aus echt krass aussehen. Mehr und mehr Leute gesellen sich zu uns, die alle dem Rauch folgen. Und dann sehen wir die Flammen!

Feuer übt auf uns Menschen eine anachronistische Faszination aus. Es ist wärmend und bedrohlich zugleich. Ohne Feuer gibt es keine Zivilisation, gleichzeitig kann Feuer, außer Kontrolle geraten, jede Zivilisation vernichten. Das Valborgsfeuer ist ein Sinnbild für dieses Paradox: ein gigantisches, wild brennendes Feuer, eingehegt und bestaunt von Menschen. Bestimmt zwanzig Meter hoch schlagen die Flammenzungen in den Himmel. Der Brennstoff für das Feuer stammt nicht nur von der Feuerwehr, die in den meisten Fällen das Feuer veranstalten, und mit gutem

Grund. Diese Naturgewalt will man in Expertenhänden wissen. Auch die Anwohner nutzen die Gelegenheit, altes Holz und so weiter zu beseitigen. Das ‚und so weiter' ist für einen großen Teil der Rauchwolke verantwortlich. Das Ergebnis ist etwas, was ich außerhalb eines Actionfilms noch nie gesehen habe. Die Feuerwehr hat das Feuer weiträumig abgesperrt, aber am Zaun ist es so heiß, dass meine Augenbrauen spontan zu verbrennen scheinen. Trotzdem kann ich mich kaum losreißen. Kaum, aber dann doch. Denn auf dem Festplatz sind Stände aufgebaut. Ein Losstand, ein Wurfstand, ein Losstand, ein Essensstand, ein Losstand, ein Zuckerwattestand.

Ehrlich, die Schweden sind verrückt nach Wetten, Spielen und Süßigkeiten. Und nicht nur die Kinder, sondern auch die Erwachsenen. An jedem Stand gibt es was anderes zu gewinnen. Es gibt eine Schokoladenlotterie, eine Plüschtierlotterie und eine Obstlotterie. Vor allen Ständen stehen lange Schlangen. Habe ich mal erwähnt, dass es in Schweden sehr viele Kinder gibt? Bei den Volksfesten findet man die alle auf einem Haufen. In Kinderwagen, auf dem Rücken, zwischen den Füßen, überall krabbeln die rum. Stellt euch so was wie die Saarmesse vor. Und dann ersetzt die Hälfte der Anwesenden durch Kinder. Und alle wollen Süßigkeiten haben. Da sind Kinder auf der ganzen Welt gleich.

Es war etwas ungewohnt für mich, so spät abends noch Kleinkinder zu sehen. Aber andererseits, warum nicht? Schließlich ist ja ein Festtag, und am nächsten Tag ist Feiertag und man kann ausschlafen.

Ebenfalls ungewohnt: Man bekommt keinen Alkohol. Aufgrund der (leicht paranoiden) Gesetzgebung bekommt man in Schweden nämlich nur mit speziellen Lizenzen eine Schankgenehmigung. Was aber nicht dazu führt, dass die Schweden weniger

Alkohol trinken würden, Iwo! Am Tag vor Walpurgis ist im Systembolaget, das ist der vom Staat finanzierte Laden, wo man Alkohol kriegt, die Hölle los. Jeder Schwede hat sich eingedeckt und kommt mit großen Rucksäcken zum Feuer. In den Gärten haben die Jugendlichen außerdem ihren Grill aufgestellt, und ihre kleine Privatpartys sind voll in Gang, als wir uns schließlich auf den Heimweg machen, ohne Alkohol, aber eine Lakritzstange habe ich ergattert. Von allen Seiten schallen Lieder aus den Gärten. Wer jetzt Phantasien von Schweden-Idylle mit tanzenden und singenden Maiden hat- schwedische Jugendliche kombiniert mit Alkohol sind etwa so musikalisch wie eine Horde Walrösser kurz vor der Paarung. Dieser Sommer kann nur gut werden. Selbst, wenn die bösen Geister nicht schon vorm Feuer geflüchtet sind, das Gegröle hat selbst die tauben Geister vertrieben.

# 10 GANZ KURZ: LAGOM

Lagom bezeichnet eine der hohen Tugenden der Schweden. Das Wort hat keine genaue Entsprechung im Deutschen, kann aber mit angemessen, oder genau richtig übersetzt werden. Lagom ist das Ideal, nicht zu viel, nicht zu wenig, nicht zu kalt und nicht zu heiß. Das genaue Gegenteil wäre zum Beispiel die Großsprecherei, die in den USA weit verbreitet ist: größer, schneller, teurer ist besser.

Das Wort lässt sich auf die Wikingerzeit zurückführen. Nach einem Beutezug haben die Nordmänner am Lagerfeuer ein Methorn rumgehen lassen. Lagom ist der Schluck, der so groß ist, dass alle am Feuer was von dem Met abbekommen. Jeder Schwede kennt das Lagom, und er hält sich immer daran, denn er weiß: Wenn der Typ neben dir am Feuer nichts vom Met abbekommt, ist der angepisst und zündet dein Boot an.

# 11 MITTSOMMER ODER: WIE FANGE ICH 50 KINDER?

Ich liebe es, zu feiern, und in Deutschland sind wir mit vielfältigen Festen reich ausgestattet. Karneval, Weihnachten, Ostern – je größer, desto besser. Doch eines fehlt uns: ein anständiges Sommerfest. Der Kalender zeigt einige, Johannistag, Maria Himmelfahrt, doch diese sind nur Worte, ihre Bedeutung und ihre Traditionen für unsere Gesellschaft in den Tiefen der Zeit verschollen. Und so komme ich erst, nachdem ich hier in Stockholm angekommen bin, in den Genuss eines echten, traditionellen Sommerfestes.
Mittsommer ist eine urskandinavische Sache, und gehört wie Valborg, und Wintersonnenwende zu den Sonnenfesten. Die Wintersonnenwende markiert den kürzesten Tag des Jahres, ab dem die Sonne zurückkommt. Zu Valborg (Walpurgis) wird der Frühling begrüßt. Und Mittsommer leitet den Sommer ein.

Mittsommer wird immer an dem Freitag und Samstag gefeiert, der dem eigentlichen Sonnenwendtag am nächsten liegt. Neben Weihnachten ist Mittsommer der höchste Feiertag in Schweden, und, was noch viel wichtiger ist, neben Weihnachten der einzige Tag im Jahr, an dem tatsächlich alle Geschäfte zu haben. Das bedeutet, donnerstags ist in den Geschäften die Hölle los.

Das wissen wir, und wohlweislich haben wir uns aufgeteilt. Martin zieht gen Lidl, die großen Sachen besorgen, während ich Richtung Zentrum fahre, um Sekt und die Sachen, die es im Lidl nicht gibt, einzukaufen. Im Zentrum ist wie erwartet, viel los. Die erste Person, die mir entgegenkommt, trägt eine Flasche Jack Daniels, die Zweite eine blaue Tüte voller Bierdosen, die Dritte einen drei Liter Tetrapack mit Wein. Da es Alkohol hier nur im Systembolaget gibt, und der seine Sachen in leuchtend blaue Tüten verpackt, erkennt man das sofort. Jeder, wirklich jeder, hat Alkohol gekauft. Wer keinen Alkohol gekauft hat, ist noch im Systembolaget, um Alkohol zu kaufen. Aber das ist nicht das Komischste. Das Komischste ist: Alle lächeln!

Schweden an Mittsommer üben auf mich eine ähnliche Wirkung aus wie ein Wellness-Wochenende im Luxus-Spa. Während das Einkaufen in Deutschland vor großen Feiertagen zu einer Schlacht verkommt, bei der man am besten eine Football-Montur oder Rüstung tragen sollte, sind die Schweden geradezu abartig entspannt. Man stelle sich einen Großmarkt an Ostersamstag vor: der Betrieb, die Menge an Essen, und alle Menschen laufen gemütlich und grinsend um einen rum.

Nur eines kann die Laune der Schweden zu Mittsommer trüben: das Wetter! Die Wettervorhersage ist nicht eindeutig, und es gibt eine gute Chance, dass unser erstes Mittsommer buchstäblich ins Wasser fallen könnte. Nicht, dass wir viel geplant hätten. Wir wollen im Ort bleiben, weil wir es verpeilt haben, etwas anderes zu organisieren. Was wir zu dem Zeitpunkt nicht wissen: Das Mittsommerfest in unserem Ort ist bekannt als eines der schönsten im Umkreis von Stockholm. Mittsommer feiert man normalerweise auf dem Land, und Tyresö ist weit genug draußen, um für die Stockholmer als Land zu gelten.

Dementsprechend kommen wir in den Genuss eines richtig schönen, traditionellen Midsommar im Park von Schloss Tyresö. Die Feier beginnt schon vormittags mit dem Binden von Kränzen und dem Schmücken der Mittsommerstange. Traditionell sammeln die unverheirateten Mädchen in der Nacht davor die Blumen dazu, und legen sich sieben Sorten Blumen in der Mittsommernacht unter das Kopfkissen, um von ihrem zukünftigen Mann zu träumen (Anmerkung 2016: Auch nach acht Jahren Schweden habe ich niemanden gefunden, der diese Tradition tatsächlich einhält, bzw. es zugibt). Dann, gegen Mittag, wird die Stange feierlich aufgestellt, und die Fiedler und Musikanten leiten die Feierlichkeiten ein. Die Kränze haben wir verpasst, aber wir kommen genau pünktlich für das Aufstellen der Stange und den Tanz darum.

Alle tanzen! Und ich meine, wirklich alle! Kleine Kinder, deren Eltern, Alte, sogar die Jugendlichen beteiligen sich, die Mädels mit voller Inbrunst, die Jungs betont cool, wobei sie sich immer wieder bedeutungsvolle Blicke zuwerfen: „Uns macht das keinen Spaß. Wir tanzen nur, um den Mädchen einen Gefallen zu tun“, bevor sie aus vollem Hals das Lied vom Frosch, der ein seltsames Tier ist, anstimmen, und quakend um die Stange hopsen.

Zu einem anständigen Mittsommer gehört auch ein Mittsommerregen … es fängt tatsächlich an zu regnen. Außer uns stört das aber niemanden, denn alle (außer uns) haben Regenschirme dabei. Dafür finden wir ein schönes trockenes Plätzchen unter der großen Eiche. Ich kann das kaum schreiben, so kitschig ist das. Und dann ist der Regen auch wieder vorbei.

Ein bisher unerklärtes Phänomen ist für mich, mit welchen Kleinigkeiten man Kinder stundenlang bespaßen kann. Wir kennen das: Da hat man für das Kind das Super-Weihnachtsgeschenk gefunden: Riesig! Sauteuer! Und die Brut packt das Geschenk aus, legt es beiseite, schnappt sich die Schere und verbringt den Rest des Abends damit, aus dem Verpackungskarton eine Burg zu bauen. Ein großes Problem bei Riesenfesten ist immer: Wie bespaßen wir die Kinder? Die schwedische Lösung lautet: Wir legen ein 10 Meter langes Seil auf die Erde. Der Deutsche fragt daraufhin: und weiter? Und der Schwede antwortet: wie weiter? Man legt ein 10 Meter langes Seil auf die Erde, und 0,3 Sekunden später tapsen die ersten Kinder hin, heben das Seil auf und ziehen in unterschiedliche Richtungen. Das scheint eine Art Urinstinkt zu sein und erklärt einiges über die menschliche Psyche. Weitere Kinder kommen dazu, und machen mit. An so einem Seil haben gut 50 Kinder Platz.

Neben unserer Picknickdecke sitzen zwei Pärchen. Die Frauen betrachten das Treiben ihrer Kinder am Seil, während die Männer, nennen wir sie Lasse und Per darüber diskutieren, ob der FC Stockholm (Lasses Mannschaft) besser ist als der FC Göteborg (Pers Mannschaft). Schließlich unterbrechen die Damen die Diskussion der Väter und verdonnern sie dazu, zum Seil zu gehen, um die Kinder zu ermahnen, nicht so wild zu sein. Die Männer, sichtlich angesäuert ob der weiblichen Befehle, marschieren zum Seil. Dann, ohne Absprache, ohne einen Blick schnappen sich die gestandenen Väter das Seil, und ziehen in unterschiedliche Richtungen. Ohje, denke ich mir, die Frauen werden bestimmt sauer sein. Stattdessen grinsen die in sich hinein, lehnen sich völlig entspannt zurück und schenken sich noch ein Glas Weißwein ein. Ich glaub, wenn man kleine Kinder hat, gibt es manchmal nichts Schöneres, als einfach nur ein

Glas Wein zu trinken, und dabei zuzusehen, wie die Lieben richtig viel Spaß haben.
Zu einem richtig guten Mittsommer gehört auch das richtige Essen. Und zwar: frische Frühkartoffeln mit Dill, Fisch und Snaps. Snaps ist Aquavit, von dem mein Großvater einst die unsterblichen Worte äußerte: „Schmeckt wie abgebrannte Autoreifen!“ Da bin ich ganz seiner Meinung. Statt Snaps haben wir zuhause eine kleine Bowle angesetzt, mit Früchten und dem leckeren Wodka aus dem Osterpaket, das mir meine Eltern geschickt haben, noch den Sekt aus dem System dazu – Mjam! Auch das ist sehr schwedisch: Gegen Abend verlassen die Leute den Festplatz und feiern zuhause weiter. Und das machen wir auch. Wir nehmen noch eine Freundin mit, und kehren zu unserer Wohnung zurück. Und so endet Mittsommer für uns, Bowle trinkend auf unserer Couch, meine Freundin und ich immer mehr redend, lachend uns gegenseitig ins Wort fallend, während Martin still lächelnd danebensitzt. Er hat zwischendurch versucht, in unseren Redefluss einzusteigen, war aber chancenlos. Irgendwann stellen wir entsetzt fest, wie spät es schon ist. Da es hier im Moment nie wirklich dunkel wird, verpeilen wir regelmäßig die Zeit.

Wir haben alles mitgemacht, was man an Mittsommer so macht. Wir haben geklatscht, als die Mittsommerstange aufgestellt wurde, wir haben mitgetanzt, wir haben Tauziehen mitgemacht, wir haben Fisch und Kartoffeln gegessen. Wir haben alle Traditionen mitgemacht, bis auf eine: Ich habe mir keine Blumen unters Kopfkissen gelegt. Stattdessen hab ich mir meinen Liebsten auf Kopfkissen gelegt …

# 12 FISCHE SIND FREUNDE? VON WEGEN!

Heutzutage leiden viele Menschen unter Phobien, krankhafte, irrationale Angst vor Gegenständen oder Personen. Phobien kann man vor so ziemlich allem entwickeln, vor Höhen, Tiefe, Enge, Weite, der Farbe Blau (kein Witz), Spinnen, Vögeln oder Wolken. Menschen, die unter Phobien leiden, haben Probleme, ihr alltägliches Leben zu bewältigen. Ich bemitleide diese armen Teufel und bin froh, dass ich selbst unter keiner Phobie leide. Mein Problem liegt anderswo: Alle im Wasser lebenden Kreaturen haben es auf mich abgesehen!

Als Kind fuhr ich mit meinen Eltern und meiner Schwester nach Spanien. Den ganzen Tag lang tobten wir im Wasser herum, bis ich blau gefroren zur Decke kam, wo meine Mama leckeren Kuchen und Limo bereithielt. Meine Schwester hatte Taucherbrille und Schnorchel dabei. Neugierig, wie ich war, bettelte ich so lange, bis auch ich hindurchschauen durfte. Das war der Moment, in dem ich meine Wasser-Unschuld verlor. Ich sah Wälder von Tang, die nach meinen Beinen zu grapschen schienen, und mittendrin einen Fisch, der mich anglotzte. Mit einem Schrei warf ich die Taucherbrille von mir und hechtete an Land, wo ich versteckt unter dem größten Laken zitternd sitzen blieb. Danach war der Urlaubsfrieden empfindlich gestört. Meine Schwester war sauer, weil ich ihre Taucherbrille verloren hatte, mein Vater, weil ich ihm auf meiner Flucht ans Bein getreten hatte. Und ich konnte nicht mehr ins Wasser. Es war eine Qual! Die Hitze der spanischen Sommersonne, und das weite, strahlende Meer, aber ich wusste, irgendwo unter dieser glitzernden Oberfläche wartete der Fisch auf mich, um mich anzuglotzen.

Im Jahr danach fuhren wir erneut nach Spanien. Und tatsächlich, langsam und ängstlich, aber ich ging ins Wasser, nachdem man mir versichert hatte, dass sich in Strandnähe wegen der vielen Touristen sowieso kein Tier hintraute. Langsam legte sich die Panik. Rumplanschen, in der Brandung stehen. Wasser ist was Herrliches! Und diese wunderbaren Rillen, die es im Sand hinterlässt. Zwischen den Rillen lagen kleine Steine. Einer sah aus wie ein Auto, ein Zweiter wie ein Baum, auf dem Dritten wuchsen zwei gleichlange Algen, und da waren Flecken dazwischen wie Augen und die blinzelten! Das war das Letzte, was ich sah, bevor wir flüchteten. Ich mit einem gellenden Schrei an den Strand, die Garnele in einer Sandwolke Richtung Meer.

Was sich wie eine spaßige Episode anhört, entwickelte sich zu einem frustrierenden Muster: Ob Meer, See oder Fluss, egal, ob das Gewässer völlig ausgestorben gewirkt hatte, sobald ich einen Fuß hineinsetzte, tummelten sich in Minutenschnelle die ersten Wassertiere an der Stelle. „Hier gibt es schon seit Jahren keine Fische mehr!“, wurde zum meist gehörten und gehassten Satz, direkt gefolgt von „Also, das ist ja komisch, das ist das erste Mal seit ewig, dass hier Fische auftauchen.“, während ich – beim Ballermann, im Boostalsee oder der Blies von fröhlichen Fischen umkreist wurde. Ich schwöre, einer hatte eine dreieckige Flosse!

Die Insel Zypern ist für wundervolle Strände und türkisblaues Wasser bekannt, die normalerweise vor Fischen nur so wimmeln, und wie mein Ex, (der vor dem besten Mann der Welt) mich davon überreden konnte, dort einen Urlaub zu verbringen, kann ich heute beim besten Willen nicht mehr sagen. Mein Ex hatte eine Unterwasserkamera dabei, aber kein Fisch ließ ihn nah genug an sich heran. Drei Tage lang sah ich ihn langsam missmutiger werden, bis ich mich erbarmte, und mit ins Wasser stieg. Einmal ums Riff geschwommen, und schon waren sämtliche Fische der Umgebung bei mir. Ich verzog mich schleunigst wieder in Richtung Ufer, während der Mann begeistert die Kamera zückte. „Hmm, so schlimm war das doch eigentlich gar nicht“, dachte ich mir, im seichten Wasser stehend. Aber als ich zurücksah, hatte er die Kamera schon wieder weggepackt. Fische gab es keine mehr. Die waren alle bei mir! Der gesamte Schwarm stand direkt hinter mir, und … glotzte mich an.

„Das gibt‘s doch gar nicht!“, hör ich den geneigten Leser ausrufen. Aber Tatsache ist, dass meine Freunde in den Tauchurlaub immer ein Foto von mir mitnehmen. Ich möchte glauben, das geschieht aus Freundschaft und weil sie mich vermissen. Aber ehrlich gesagt vermute ich eher, dass sie es als Köder benutzen.

Ich verstehe nicht, was diese Viecher eigentlich von mir wollen. Optimistische Zeitgenossen warfen die Theorie auf, dass die Fische mich einfach mögen, und mich begrüßen wollen. Das glaube ich nicht. Ich denke, diese Tiere kennen meine Schwäche für Muscheln in Weißwein, für Scampi mit Aioli, für gegrillten Fisch aller Art – und dass sie es mir eines Tages heimzahlen wollen.

Jahrelang vermied ich es, schwimmen zu gehen, außer in gechlorten Schwimmbädern. Das war kein allzu großes Opfer. In Deutschland, abgesehen von Mecklenburg, gibt es ja nicht so viele natürliche Schwimmmöglichkeiten. Aber dann zog ich nach Schweden.

Abgesehen von der Ostsee, die bei uns direkt um die Ecke ist, gibt es allein bei uns im Ort vier Seen. Ein Teil der Lebensqualität in Schweden ist es, nach der Arbeit kurz in den See nebenan hüpfen zu können. Dummerweise ist das ein Teil der Lebensqualität, die der beste Mann der Welt spontan für sich adoptiert hat. Und weil Schwimmen, wie so Vieles, zu zweit viel mehr Spaß macht, gehe ich äußerst vorsichtig mit rein, mich an den Gedanken klammernd: In diesem See habe ich noch nie Wassertiere gesehen, nur ein paar Kaulquappen, und so eine kleine Schlange im Gebüsch. Dummerweise erwähne ich das auch Martin gegenüber, und er kommentiert, geistesabwesend: Schlangen können schwimmen.

Dann krault er weiter, während ich stocksteif zurückbleibe. In meiner Vorstellung wird die Schlange immer größer, wie die Gigapython, die ich es auf einem Foto in der Bildzeitung gesehen habe. Ganz sicher schleicht sie sich schon an, lauert schon unter mir. Gleich wird sie mich angreifen, meinen Bauch oder meine Beine! Warum hab ich den Bikini angezogen? Mein Bauch ist ungeschützt. Zwei Minuten halte ich es aus, dann sprinte ich zum Ufer zurück, einen sehr verdatterten Mann mitten im See zurücklassend, der gar nicht versteht, was los ist, unters Handtuch, wo ich zitternd sitzen bleibe. Ich weiß genau: Die Wassertiere haben einen neuen Verbündeten, die Schlange! Letzte Zweifel an meiner Logik bleiben – ein Element meiner

Beweiskette ist schließlich ein Foto der Bildzeitung, werden allerdings ausgeräumt, als ich mich anziehe, und … die Schlange direkt an mir vorbei schwimmt und mich anglotzt!

Seitdem hat sich das alte Muster wieder etabliert: Wir gehen zum Wasser, und kaum komme ich an, krault eine Schlange an mir vorbei oder ringelt sich durchs Gras. Sie wartet darauf, dass ich wieder ins Wasser komme! Hinweise, wie: „Es ist eine Ringelnatter, was soll die dir tun?“, lehne ich als realitätsfern ab. Vielleicht ist es ja eine ehrgeizige Ringelnatter? Ich gehe kein Risiko ein! Und das hat nicht das Geringste mit irrationalen Ängsten zu tun!

# 13 BRÖÖÖÖÖÖLOPP!

Viele Worte klingen im Schwedischen niedlich, wie björn (Bär), balkongen (Balkon) oder bishopsmössa (Bischofsmütze). Bröllop – (Hochzeit) dagegen erinnert eher an eine Horde Brüllaffen.

Wo man derzeit in Stockholm geht und steht, grinsen einem keine Affen, sondern Prinzessin Victoria und ihr Verlobter Daniel entgegen. Überall gibt es Bröllop-Spezials. In der Stadt gibt es ein zweiwöchiges riesiges Eventangebot in Zusammenhang mit der Hochzeit (Love-Stockholm). Die Juweliere haben besondere Angebote für Verlobungs- und Hochzeitsringe, an die Touristen werden offizielle Bröllop-Andenken verkauft. Sämtliche Zeitungen berichten auf ihren Titelseiten. Es gibt eine Briefmarkenserie. Im Fernsehen läuft nichts anderes mehr. Ich bin von Deutschland gewöhnt, dass Festtage möglichst umfassend, auch kommerziell ausgeschlachtet werden. Weil das in Schweden normalerweise erheblich dezenter abläuft, fällt es hier stärker auf. Und einige Aktionen sind auch wirklich – etwas anders. Hier meine Top 10 der seltsamsten und skurrilsten Victoria-Daniel-

Bröllop-Sachen:

10. Die offizielle Bröllop- Hochzeitstorte. Das ist eine einfache schwedische Prinzessintorte, die es überall gibt. Mit Marzipan und viel Sahne, nur dass das Marzipan weiß anstatt grün eingefärbt ist. Das heißt natürlich nicht, dass sie nicht schmeckt. Ich liebe diese Torte!

9. Die schwedische Metalband Hammerfall spielt auf den Love-Weeks. Bang your heads, Hochzeitspaar!

8. Servierplatten (sinnloses Mitbringsel Teil 1): eine Blechplatte mit dem Königswappen.

7. Geschirrhandtücher (sinnloses Mitbringsel Teil 2): In der Tat ist dies ja eigentlich ein sinnvolles Mitbringsel. Man kann es zum Abtrocknen benutzen, und es ist sogar mit Königswappen verziert. Allerdings wüsste ich nicht, wer sein Geschirr mit einem 15 Euro teuren Lappen abtrocknet.

6. Barbie-Girl: Mattel bringt anlässlich der Hochzeit eine Victoria-Barbie heraus. Für mich ein zweifelhaftes Kompliment.

5. Loves-Stockholm: Auf dem Festival gibt es unter anderem einen Stand mit Psychologen und Therapeuten, wo Paare über ihre Beziehungsprobleme reden und sich beraten lassen können. Mir gefällt die praktische Einstellung der Schweden.

4. Die offiziellen Hochzeitspralinen kommen aus Halle, wo ich meine Doktorarbeit geschrieben habe.

3. Königliches Hochzeitmenü, ein Filet mit Soße und Kartoffeln. Ich musste dreimal hingucken, bis ich endlich raus hatte, was das mit einer Hochzeit zu tun hat: Die Soße war in zwei Ringen um das Fleisch gegossen. Man kann es echt auch übertreiben!

2. Die Werbekampagne von Langnese, beziehungsweise dem schwedischen Pendant GB Glace. Ihr Maskottchen Clovve heiratet Clovina und deswegen gibt es jetzt Hochzeitsspezialeis, und man bekommt zwei

zum Preis von einem. Für sich und den Partner. Nein, ich weiß nicht, was für Drogen die in ihr Eis gemischt habe.

1. So ziemlich alles andere aus der offiziellen Hochzeitskollektion (sinnloses Mitbringsel 3 – unendlich).

Vergangene Woche war es endlich so weit: Am Sonntag fand die Hochzeit zwischen Kronprinzessin Victoria und ihrem Daniel statt. Natürlich war ich dabei! Ich bin kein besonders großer Royalist, und die Querelen der Königsfamilien in den Regenbogenzeitungen langweilen mich, zumal mindestens neunzig Prozent, frei erfunden ist. Aber ich liebe Zirkus, und diese Hochzeit, mit ihrem wochenlangen Love-Festival, ist ein riesengroßer Zirkus. Also, nichts wie hin! Ich hatte mich mit einigen Freunden um 3 an der U-Bahn-Station Kungsträdgarden verabredet. Einer hatte Roséwein dabei, ein anderer eine Picknickdecke. Aber erst mal galt es, sich einen guten Platz zu sichern.

Das war leichter gesagt als getan. Schon jetzt standen die Leute in zehnter Reihe. Jemand kam auf die Idee, sich einen Platz an den riesigen Public Viewing Bildschirmen zu sichern. Aber selbst die waren mittlerweile hoffnungslos überfüllt. Kaum erhaschte ich einen Blick auf den Bildschirm, schob sich jemand Größeres vor mich. Bei meinen Einssechzig ist das so ziemlich jeder. Ich sprang hoch und sah einen Laubfrosch auf den Bildschirm. Es stellte sich später heraus, dass der Frosch die dänische Königin heraus. Für mich das ungeschlagene Topkleid des Tages! Wir gaben auf und beschlossen, uns einen guten Picknickplatz zu suchen. Im Hintergrund hörte ich die Leute jubeln. Auf dem Bildschirm betrat das Brautpaar soeben die Kirche.

Wir suchten uns einen relativ ruhigen Platz am Wasser. Gute Aussicht, nur leider viel zu weit, um etwas zu erkennen. Unser Plan war, zu warten, bis die Parade losging, und uns dann einen Platz an der Straße zu suchen. Das haben wir beim Mainzer Karneval auch immer so gemacht. Gute Idee, nur dass beim Mainzer Karneval a) die meisten Attraktionen Wagen, also hoch sind, und b) es mehrere Attraktionen gibt, es also nicht so schlimm ist, wenn man einen Wagen mal verpasst. In diesem Zug gab es exakt ein Brautpaar, der Rest des Zugs war uninteressant. Und dieses eine Brautpaar saß zu unserem Leidwesen nicht auf einem LKW, sondern in einer niedrigen Pferdekutsche. Wir hörten die Leute schon lang vorher jubeln und rufen und dann drängten alle zur Straße, und dann waren sie auch schon vorbei. Das war gar nix!

Ich hab dann aufgegeben und bin heimgefahren, um mir den Rest der Feier im Fernsehen anzuschauen. Es ist wirklich so: Am Fernsehen bekommt man viel mehr mit, als wenn man selbst dabei ist. Trotzdem bin ich froh, in die Stadt gefahren zu sein. Ich war dabei! Die Stimmung war toll auf den Straßen, und der Rosé war auch gut.

# 14 TOP 12 SCHWEDEN

Genug gemeckert! Top Zwölf der Dinge, die ich am Leben in Schweden einfach wunderbar finde.

12. Wasser: See oder Meer, in Schweden ist man nie weit weg von Wasser. So sauber, dass man darin baden, angeln und segeln kann. Und dank Allemannsrätt darf das jeder.

11. Prinzesstorte: ein Traum aus Biskuit, Sahne und giftgrünem Marzipan. Eine ganz besondere Leckerei für das Kind in mir.

10. Stockholmer Nahverkehr: Regelmäßige Verbindungen zu jeder Tag- und Nachtzeit, verlässliche Pläne, kein stressiges Autofahren, einsteigen, Buch lesen, aussteigen, da sein. Mit 80 Euro im Monat bin ich dabei.

9. Haribostände in jedem Geschäft: Kennt ihr die Haribostände auf Dorffesten und Kirmes, wo man sich selbst Leckereien abfüllen darf? Die gibt es hier in jedem Laden. Überall!

8. Hauptstadtstatus: Weltstadt Stockholm. Konzerte, Ausflüge, exotisches Essen zu jeder Tages- und Nachtzeit. 24 Bibliotheken, alle gebührenfrei.

7. Bürokratie: Die Schweden glauben, ihr Land wäre so furchtbar bürokratisch. Gelächter! Höchstens vier Seiten lange Formulare, in allen erdenklichen Sprachen und das meiste kann man vom Internet aus beantragen.

6. Schwedischer Kaffee: Bestäubt mit Zimt, Kardamom und Kakao. Lecker!

5. Klettern: In und um Stockholm gibt es die genialsten Kletterfelsen, gewartet und gesichert vom Kletterverein, für alle Schwierigkeitsgrade. Sogar ich komm da hoch.

4. Bildungsfreundlichkeit: Alle machen irgendwelche Fortbildungen. Kein Wunder, es ist einfach für sie. Man hat ein Anrecht auf Zusatzbildung, meist vom Arbeitgeber bezahlt, gebührenfreie Sprachkurse, quasi jeder kann sich Vorlesungen in der Uni anhören.

3. Couchsurfer-Gemeinschaft: Menschen aus allen Kulturkreisen, hilfsbereit, tolerant, und für alles zu haben. Organisieren Events wie Sprachaustausch, Kanufahren, Museumsbesuch, gemeinsames Kochen, Buchclub, wissen Antwort auf (fast) jede Frage. Was für eine wunderbare Einrichtung!

2. Allemannsrätt: Jeder darf die Natur nutzen, wenn er damit niemand anderen stört. Das umfasst Blumen pflücken und Beeren sammeln, aber auch schwimmen in allen Seen und dem Meer, und sogar freies Zelten auf dem Land.

1. Natur: Egal, was auf den anderen Plätzen kommt, der Spitzenplatz gebührt Schweden selbst. Kein Foto kann das einfangen. Die Menge, die Intensität, monumentaler Winter, himmlischer Sommer, Seen, Pilze, Gegend, klettern, auf Eis spazieren gehen, Blaubeeren satt, Elche Vielfraße, und Platz! So viel Platz!!!

# 15 MÖNCHE, HANSE UND MODERNE, STOCKHOLMS GAMLA STAN

Ein kräftiger Wind pfeift durch die U-Bahn-Station Gamla Stan, doch das stört mich nicht. Es ist Sommer in Stockholm, die Zeit, wo die ganze Stadt aussieht wie aus einem Märchen und ich selbst mit einer Zitrone nicht das Grinsen aus dem Gesicht bekomme. Und noch besser: Ich habe Besuch!

Für Auswanderer sind es die Höhepunkte des Jahres, wenn die Freunde und Verwandten zu Besuch kommen, sehen, wo und wie man jetzt lebt. Für Irene und ihre Eltern ist es der erste Besuch in Stockholm, und für solche Stockholmneulinge habe ich meine Standardstockholmtour zusammengestellt.

Wir haben uns auf dem Platz vor der Station verabredet, aber erst einmal muss ich mich durch eine Gruppe Asiaten durchschlängeln. Jetzt im Sommer wird in Stockholm die gesamte Belegschaft quasi ausgetauscht. Die Schweden fahren in den Urlaub und machen Platz für die Touristen. Um mich herum höre ich ein Sprachengemisch aus Chinesisch, Spanisch und natürlich deutsch. Schwedens Hauptstadt ist beliebtes

Reiseziel unter meinen Landsleuten. Und da ist auch Irene. Wir kennen uns seit meiner Zeit in Halle, haben uns aber seit zwei Jahren nicht mehr gesehen. Während ich sie und ihre Familie Richtung Brücke führe, bringen wir uns auf den neuesten Stand. War die Reise gut? Wie ist das Hotel? Und dann sind wir auch schon am Ausgangspunkt meiner Führung angekommen, der Insel Riddarholm.

Riddarholm wird vor allem geprägt durch die Riddarholmskirche. Doch die möchte ich noch für einen Augenblick außen vor lassen, zugunsten der Statue vor uns: Birger Jarl, der Gründer von Stockholm.

Stockholm befindet sich an einer taktisch optimalen Stelle, nämlich dem Ausfluss des großen Mälarsees in die Ostsee. In früheren Zeiten wurden die meisten Waren in Schweden über Wasserstraßen transportiert, und der Mälarsee war stark frequentiert. Doch konnten die seetüchtigen Schiffe nicht auf dem flacheren See fahren, also mussten die Waren an der Engstelle auf kleinere Boote umgeladen werden. Was böte sich mehr an, als da auch gleich eine Zollstelle einzurichten und Steuern zu erheben? So muss sich wohl Birger Jarl gedacht haben. Er ließ einen Hafen auf der Insel Stadsholmen errichten, der Insel, auf der heute Gamla Stan liegt. Ein entsprechendes Dokument sowie eine Nachbildung von Birger Jarls Kopf findet sich im Mittelaltermuseum, das sich hier ganz in der Nähe befindet. An diesem Tag haben wir dafür aber keine Zeit. Stattdessen bewundern wir die Statue von Birger Jarl, die aus späteren Zeiten zu Ehren des Stadtvaters aufgestellt wurde, und drehen uns dann um.

Vor uns erhebt sich die mächtige Riddarholmskyrka, eine der schönsten Kirchen Stockholms und Grabstätte der schwedischen Könige.

Die Kirche wurde im 13. Jahrhundert von den Mönchen des Graubrüderordens gebaut, die damals

Riddarholm besiedelten. Die Brüder und deren Kloster sind lange verschwunden. Heute ist die Insel fest in der Hand des schwedischen Staates. Nur ein Gebäude ist im Privatbesitz, das Norstedshuset, seit alters her Sitz des schwedischen Norstedverlags. Alle anderen Häuser gehören dem Staat: der Wrangelska Palast, der im 17. Jahrhundert kurzfristig Heim der Königsfamilie war, nachdem die ihren Palast niedergebrannt hatten, das Reichsarchiv und das alte Reichstagshaus. Die Gebäude sind wunderschön, aber wir halten uns nicht hier auf. Riddarholm ist so ähnlich wie das Regierungsviertel in Berlin: wunderschöne Gebäude, die aber nicht zum Bleiben einladen. Ridderholm ist das Justizzentrum Schwedens, und Juristen, das wissen wir ja alle, sind schweigsame in seltsame Gewänder gekleidete Gestalten, die sich von dieser Welt abgewandt haben. Eigentlich hat sich hier gar nichts geändert seit der Zeit der grauen Mönche!

Wir flanieren über die Brücke zurück nach Stadsholm. Auf der linken Seite liegt das Riddarhuset, das ehemalige Versammlungshaus des schwedischen Adels. Wie auch in Deutschland ist der Adel in Schweden weitgehend entmachtet und spielt nur zu den verschiedenen Feierlichkeiten des Königshauses überhaupt noch eine Rolle. Aber natürlich geht es hier wie drüben um das ‚wer wen kennt', und so ist das Riddarhus heute ein exklusiver Gesellschaftsclub von etwa zweitausend Adelsgeschlechtern. Gewöhnliche Sterbliche wie wir können das Riddarhus an besonderen Tagen besichtigen, aber natürlich nicht an diesem Tag. Egal, wer will schon an solch einem Tag in der Bude hocken? Das Schönste am Riddarhuset ist sowieso der Park, und so spazieren wir für eine halbe Stunde durch die Anlage rund um das klassizistische Gebäude, bewundern die Statuen, die die ritterlichen Tugenden wie Mut und Tapferkeit darstellen, und genießen das

Grün.

Unsere nächste Station ist Slussen. Slussen heißt übersetzt Schleuse, und obwohl es beileibe nicht die einzige Schleuse in Stockholm ist, weiß jeder Stockholmer sofort, welche Schleuse gemeint ist: die große Slussenbrücke zwischen Stadsholmen und Södermalm, die bis heute die Wasser des Mälaren von der Ostsee trennt. Södermalm ist das jugendliche Herz der Stadt und einen eigenen Ausflug wert. Heute machen wir nur einen kurzen Abstecher dahin, denn ich will meinen Gästen etwas ganz Besonderes bieten: den zweitschönsten Ausblick auf Stockholm. Der Weg dahin ist etwas beschwerlich und führt immer bergauf zum großen Katarinahissen. Man kann auch den Aufzug nehmen, aber der ist ziemlich teuer. Von der Aussichtsplattform hat man einen wunderbaren Ausblick auf die Innenstadt und die Schiffe, die auf dem Wasser kreuzen.

Auch die bunten Häuser von Gamla Stan sehen wir vor uns, und langsam werden meine Gäste ungeduldig. Sie wollen endlich dahin. Also machen wir nur noch schnell ein Dutzend Fotos und kehren dann über die Brücke zurück. Ich habe die Strecke aus verschiedenen Gründen so ausgewählt: Erstens waren meine Gäste noch frisch und konnten den Aufstieg zum Aussichtspunkt schaffen, zweitens muss man Slussen gesehen haben, um die Stadt und ihre Dynamik verstehen und würdigen zu können. Und drittens zählt Slussen unter den Stockholmern zu den hässlichsten und abgeranztesten Flecken überhaupt, so dass meine Gäste die pure Schönheit der Stockholmer Altstadt doppelt trifft.

Wir tauchen ein in die engen, von Hansehäusern bestandenen Gassen. Nirgendwo in Stockholm findet man so viele Sehenswürdigkeiten auf so kleiner Fläche. Deutsche Kirche, Storkyrkan, wo Viktoria und Daniel ihre Hochzeit gefeiert haben, der Palast, alles ist fußläufig über altes Kopfsteinpflaster zu erreichen. Niedliche Boutiquen wechseln sich ab mit den unvermeidlichen Touristenfallen, über die ich zwar gerne schimpfe, aber wo sonst könnte ich schauderhafte Elchshirts und Plastikwikingerhelme kaufen? Wir sind auf dem Weg zur Tyska Kyrkan, der deutschen Kirche. Birger Jarl lud in seine neugegründete Stadt nämlich nicht nur die Mönche ein, sondern auch deutsche Kaufleute, die sich hier niederließen und ihre Kultur mitbrachten. Nicht umsonst erinnern die schmalen hohen Häuser der Gamla Stan frappierend an die Hansestädte Lübeck oder Hamburg und der größte Turm von Gamla Stan gehört der deutschen Kirche. Türme bauen war Wettrüsten im Mittelalter, wer den Größten hatte, bewies damit Einfluss und Macht. Bis heute trifft sich die deutsche Gemeinde noch regelmäßig zum Gottesdienst, und außerhalb der Feierlichkeiten kann man die Kirche besichtigen.

Erst mal muss man allerdings zahlen, eine etwas seltsame Sache, vor allem, wenn man bedenkt, dass die meisten Museen keinen Eintritt verlangen. Aber andere Länder, andere Sitten und so bezahlen wir brav, bevor wir in die Ruhe der Kirche eintauchen. Oder so ist es zumindest geplant, aber natürlich sind wir nicht die einzigen Besucher und so machen wir nur kurz einige Fotos von den wunderschönen Buntglasfenstern und der Kanzel und fliehen dann wieder. Schließlich haben wir noch eine Kirche im Angebot, die Storkyrkan, die zweite wichtige Kirche in Gamla Stan. Auf dem Weg dahin kommen wir am Stortorget vorbei, dem mittelalterlichen Markt. Auch die Häuser, die den Markt umgeben wirken mittelalterlich, stammen aber aus moderner Zeit und wurden nur im alten Stil errichtet. So ist es übrigens mit den allermeisten Häusern von Gamla Stan, in denen nur die Keller noch aus dem Mittelalter stammen. Häuser bestehen in Schweden traditionell zu einem Großteil aus Holz, und das hat den Nachteil, dass es gerne in Flammen aufgeht. Die Gamla Stan brannte mehrere Male komplett ab. Heute ist davon nichts zu bemerken, die terrakottafarbenen Häuser stehen da und man kann sich nicht vorstellen, dass es jemals etwas anderes gegeben haben sollte. Es ist zu schön, um weiterzugehen, also lassen wir uns an einem der Cafés nieder, und schnappen uns einen Kaffee, natürlich bestreut mit Zimt und Kardamom, und ein Stück Kuchen. Eine Sache übrigens: Im Gegensatz zu anderen Touristenfallen ist die Gamla Stan harmlos. Auch Stockholmer gehen hier regelmäßig weg und es gibt schöne Cafés und Restaurants. Trotzdem sollte man natürlich wie überall auf die Preise achten.

Während wir an unserem Kaffee nippen, sehen wir die Leute an uns vorbeiströmen. Erschrocken werfe ich einen Blick auf die Uhr. Schon so spät? Hastig scheuche ich meine Gäste, wir müssen uns beeilen, denn bald geht die Wachablösung los!

Das Slottet, das Stockholmer Schloss enthält mehr als 600 Zimmer und ist damit das größte Schloss Europas. Es nimmt einen bedeutenden Teil von Stadsholmen ein und ist auf jedem Luftbild prominent zu erkennen. Und … mir gehen die positiven Fakten aus. An dieser Stelle muss ich dem geneigten Leser ein Geständnis ablegen: Ich kann das Stockholmer Schloss nicht ausstehen! Für mich sieht es aus wie ein hässlicher Kasten, an den jemand vier Dutzend Statuen genagelt hat. Das Beste am Schloss ist die Wachablösung. Wie vorm englischen Buckingham Palace werden regelmäßig die Wachen vor dem Schloss ausgewechselt, das Ganze mit großem Klimbim und Musikzug. Heute haben wir richtig Glück: Die Kavallerie ist dabei. Irene schießt Dutzende von Fotos, während ihr Vater fachmännisch die Pferde begutachtet. Viel zu schnell ist die Ablösung vorbei, und die Masse löst sich auf. Ich schlage vor, als Nächstes in die Storkyrka zu gehen, das Zentrum der lutheranischen Kirche in Schweden, von der aus sich die Reformation verbreitete. Aber meine Gäste winken ab. Zu viel Tourismus, zu viele Leute. Normalerweise würde ich mit ihnen nach Djurgarden fahren oder nach Skeppsholm rüberspazieren. Aber meine Gäste haben keine Lust mehr, sind überfordert von einer Vielzahl von Eindrücken. So schlage ich mich wieder in die Gassen, meine unwilligen Gäste hinter mir herziehend. Nach wenigen Schritten verstummt ihr Schimpfen und es wird ruhig. Ganz ruhig, denn hier ist niemand. Alle großen Sehenswürdigkeiten erstrecken sich diesseits einer gedachten Linie zwischen Tyska Kyrkan und Slottet, was umgekehrt heißt, dass sich jenseits dieser Linie kaum ein Tourist hin verirrt. Hier gibt es nichts zu sehen, nur urromantische Gassen, Stille, mit Geranien dekorierte Balkone und eine weiße Katze, die mit einer leeren Chipstüte spielt.

# 16 SCHWEDENS DUNKLE SEITE

„Danke, dass Sie sich bei der Försäkringskassan melden. Vor Ihnen sind noch … 17 Personen.“ Ich unterdrücke einen Fluch.

Gestern war ein wundervoller Tag. Es hat geschneit, und Martin und ich nutzten den Sonntag für einen ausgiebigen Spaziergang. Der Wald schien mit seinen weiß gepuderten Bäumen geradewegs einem Märchen zu entspringen. Als dann auch noch die Sonne herauskam, konnten wir unsere Begeisterung kaum unterdrücken.

Das war gestern. Heute ist Montag, es ist viertel nach acht, stockdunkel, und ich hänge in der Warteschleife der Försäkringskassan, der schwedischen Krankenkasse. Wann immer es mir zu gut geht, und mein Leben vor einer Überdosis Glück förmlich zu platzen scheint, brauche ich nur diese Nummer zu wählen, und schon schlage ich wieder im Elend des Alltags auf.

In Deutschland würde ich mir das nicht bieten lassen. Da hätte ich bei einem Zehntel von dem, was sich die Försäkringskassan mit mir geleistet hat, die Kasse gewechselt. Aber in Schweden geht das nicht. Die Försäkringskassan ist die einzige Krankenkasse in Schweden, und jeder, der hier wohnt, muss sich wohl oder übel (also übel) mit ihr auseinandersetzen.

Mit dem Handy am Ohr verlasse ich die Wohnung, fahre zur Bahnstation und sehe schon von weitem die Meldungen mit den Verspätungen. Wegen Schnee! Schnee? In Schweden? Im Winter? Wie konnte das nur passieren? Jedes Jahr reagieren die Verkehrsbetriebe völlig überrascht von der weißen Substanz, die da vom Himmel fällt. In Deutschland würde das nicht passieren … Na gut, doch, in Deutschland passiert das auch dauernd. Aber hier in Schweden weiß doch jeder, dass es ab November jederzeit schneien kann. Jeder außer den Verkehrsbetrieben, die jedes Jahr wieder von einer wetterbedingten Amnesie geschlagen zu werden scheinen.

Also warte ich, nicht auf Godot, sondern auf meine Bahn. Und weiterhin auf einen Mitarbeiter der Försäkringskassan. Mittlerweile bin ich auf Platz acht, und … ich muss meinem Chef Bescheid sagen, dass ich zu spät komme. Was heißt, ich muss auflegen und verliere meinen Platz in der Warteschleife. Verflucht!

Eigentlich will ich ja gar nicht! Ich hasse es, fremde Leute anzurufen, und dann auch noch auf Schwedisch. Eigentlich würde ich viel lieber persönlich da vorbei gehen. Dann erinnere ich mich an meinen letzten Besuch in der Filiale und den extrem langsamen und inkompetenten Mitarbeiter, der nur einen Satz konnte: „Warum rufen Sie nicht unsere Hotline an?“

Ich warte bis zur letzten Sekunde, bevor ich auflege und die Nummer meines Chefs wähle. Im Gegensatz zur Försäkringskassan hebt er direkt ab.

„Hej!“ klingt es in der Leitung. Schweden melden sich nie mit Namen.

„Hej Magnus!“, antworte ich. „Ich komme etwas zu

spät. Der Zug war ausgefallen."

„Die anderen sind auch zu spät dran. Komm, so schnell du kannst! Ich übernehme so lange."

Hach, jetzt weiß ich, warum ich Schweden mag, trotz des miesen Wetters und der unfähigen Förskrungskassan. Jeder packt mit an und auch die Chefs sind sich nicht zu schade dafür …

„Denk nur dran, heute Nachmittag ist stor möte."
Mein Fluch geht im Bremsenkreischen der einfahrenden Bahn unter.

Als Tourist ist es leicht, nur die schwedische Landschaft, die Seen und die Elche zu sehen, und die alltäglichen Probleme zu ignorieren, mit denen wir Einwanderer ständig konfrontiert werden. Auch wir konzentrieren uns großenteils auf das Gute, denn erstens nützt es nichts, immer nur zu meckern, und zweitens ist es nicht mein Land, und so wie sich Einwanderer in Deutschland anpassen müssen, müssen wir das ebenfalls.

Aber es gibt solche Tage, an denen einem die Unterschiede förmlich ins Gesicht fliegen, und wieder und wieder erwischt man sich bei der Litanei: „In Deutschland wäre mir das nicht passiert." Heute ist so ein Tag.

Das Mittagsmenü ist in allen Restaurants ungenießbar, die Toleranz der Schweden für mieses Essen scheint grenzenlos. In Deutschland wären solche Läden schon längst pleitegegangen.

Draußen schneit es, dann geht der Schnee in Regen über. Und um drei wird es schon dunkel. Bei meinen Eltern, so erfahre ich aus einer Mail, scheint die Sonne. In Deutschland hätte ich viel besseres Wetter!

Heute ist ein After Work geplant. Die Norweger kommen, fast alle Deutschen, die Hälfte der Holländer, aber kein Schwede. So ist es immer. Die haben ihren festen Freundeskreis und kommen meistens nicht mit. In Deutschland wären alle dabei! Nein, eigentlich nicht, aber wenn ich erst mal in einer Jammertirade drin bin, finde ich grundsätzlich alles blöd.

Apropos blöd: Während der Mittagspause versuche ich erneut, bei der Krankenkasse anzurufen. Dieses Mal komme ich nicht einmal in die Warteschlange. Na klasse, also morgen wieder versuchen. Der Tag kann echt nicht mehr schlimmer werden. Und jetzt haben wir auch noch Möte.

Möte ist das schwedische Wort für Meeting, und die Schweden lieben ihr Möte fast noch mehr als ihre Fika. Meistens werden die beiden kombiniert, so dass in gemütlicher Runde Kaffee getrunken und geredet wird. Und das ist prinzipiell eine gute Sache. Wie gesagt, ich mag die flachen Hierarchien, das Ideal der Schweden, ihre Mitarbeiter einzubeziehen, ihre Richtung zu unterstützen. Nur leider sind diese Meetings überflüssig, weil niemals irgendetwas beschlossen wird! Im schwedischen Möte werden Probleme angesprochen, Lösungsansätze diskutiert – und die Entscheidung vertagt. Bis zum nächsten Möte, wo mehr überlegt wird, bevor die Entscheidung vertagt wird. Und so weiter und so weiter. Das ergibt in einigen Fällen sogar Sinn, denn viele Probleme lösen sich mit der Zeit von selbst. Aber wir im Kundendienst sitzen an der Front und jedes Problem bedeutet für uns dutzende Anrufe von unzufriedenen Kunden.

Heute ist Stor möte, ein großes Meeting mit der Geschäftsleitung. In dem großen Raum ist kaum noch ein Platz frei. Ich hocke mich in die deutsche Ecke.

„Hast du die Försäkringskassan erreicht?“, fragt Anja, meine deutsche Kollegin, die von meinem Problem weiß, weil ich seit einer Woche mit einem Gesicht rumlaufe, als hätte ich Zahnschmerzen.

Ich schüttele missmutig den Kopf. „Nein, ich muss es morgen noch mal versuchen.“

„Warum lässt du dich nicht von denen anrufen?“

Ich blicke auf. „Was meinst du?“

„Na, als Ausländer kannst du ein Gespräch in deiner Landessprache buchen.“

Ich nicke langsam. „Das geht? Aber – mein Schwedisch ist doch gut genug.“

Anja grinst. „Ja, meines auch. Ich mach das trotzdem immer. Dann rufen die mich nämlich an und ich umgehe die Warteschleife.“

Später am Tag buche ich meine erste deutsche Försäkringskassanberatung. Die Bearbeiterin spricht nicht nur passables Deutsch, sondern ist auch kompetent und hilfsbereit. Mein Problem ist in einer Minute erledigt. Ich habe fortan nie mehr bei der Försäkringskassan angerufen.

Das Möte beginnt, und dieses Mal gibt es Entscheidungen. Schlechte Entscheidungen für uns: Alle Aushilfen werden entlassen, wir Übrigen müssen deren Arbeit mit übernehmen, und ab sofort sollen wir vom Kundendienst am Telefon den Verkauf forcieren. Das sagt Per natürlich nicht so. Stattdessen fabuliert unser Geschäftsführer enthusiastisch von der strahlenden Zukunft der Firma, von neuen Herausforderungen, an denen auch wir mitarbeiten. Aber im Grunde wissen wir: Es ist eine bittere Pille, und wir müssen sie schlucken.

„Was denkt ihr dazu?“, fragt Per zum Abschluss. Unsicher blicken wir uns an. Dürfen wir wirklich Bedenken äußern? Einer wagt einen vorsichtigen Einwand und wird direkt abgeschmettert. Ein unterdrücktes Stöhnen entfährt den Kehlen aller nichtschwedischen Mitarbeiter. Wir sind bei dem miesesten Teil der Schwedischen Mentalität angelangt: dem Konsenszwang.

Entscheidungen werden so lange wie möglich herausgezögert, aber wenn eine getroffen wird, sollen alle Beteiligten zustimmen. Das entspricht der zutiefst demokratischen Seele der Schweden, gilt aber auch als

Absicherung: Nicht ich als Chef habe eine schlechte Entscheidung getroffen, sondern wir alle gemeinsam. Also ist niemand schuld, wenn es schief geht. Bei einigen Chefs nimmt das geradezu pathologische Züge an, so auch in diesem Fall. Die Entscheidungen kommen vom Mutterkonzern direkt aus Amerika. Wir wissen, dass sie nicht funktionieren, nicht funktionieren können. Wie wissen, wie viel Arbeit anfällt, wir brauchen die Leute. Trotzdem sollen wir das abnicken. Pers Blick gleitet beifallheischend über die Belegschaft. Wir blicken frustriert zu Boden. Schlimmer als keine Entscheidungsgewalt zu haben ist, so tun zu müssen, als hätten wir welche, und nach Wochen voller Gerüchten und Andeutungen sind wir diese Scharade leid.

Nur Janne vom holländischen Team erwidert Pers Blick mit einem Lächeln. Er arbeitet seit über zehn Jahren in der Firma, kennt die Aufs und Abs. Und es kennt das elendige Konsenzspiel. Dankbar stürzt Per sich auf ihn:

„Janne wir haben doch gestern schon darüber geredet. Was denkst du jetzt darüber?"

Janne nickt. „Das Gleiche wie gestern", sagt er ruhig.

Per schaut alarmiert. „Aber ich hab es dir doch erklärt."

„Und ich hab dir meinen Standpunkt erklärt."

„Ich verstehe deine Einwände. Aber du musst zugeben, dass es die beste Entscheidung ist."

„Ich gebe zu, dass ihr keine andere Wahl habt. Aber ich muss das nicht gut finden. Wir nehmen im Kundendienst vor allem Beschwerden entgegen. Jemand etwas verkaufen wollen, wenn er unzufrieden ist, geht nicht. Und wenn ihr uns ein Drittel der Leute wegnehmt, haben wir keine Zeit für lange Kundengespräche."

Pers Lächeln erlischt, während wir anderen ein Grinsen unterdrücken müssen. Wieder stürzt sich Per in die Erklärungen, warum die Entscheidungen doch das Beste für uns wären, während hinter ihm die Unterchefs nervös auf die Uhr schielen.

„Verstehst du das?“, sagt Per endlich.

Janne nickt.

„Dann stimmst du mir jetzt zu?“

Janne schüttelt den Kopf.

„Aber ...“

„Per, wo liegt das Problem?“, unterbricht Janne. „Du bist der Boss, du entscheidest. Das ist doch für mich in Ordnung.“

„Aber es ist doch die Position der Firma.“

„Ähm, die Mitarbeiter müssten langsam wieder an die Telefone“, unterbricht Magnus.

„Aber das hier ist wichtig“, beharrt Per. Seine Stimme hat mittlerweile einen fast flehenden Tonfall angenommen. Aber Janne ist Holländer, und die Holländer wie auch die Deutschen haben kein Problem mit Konflikten und widerstreitenden Standpunkten. Dazu kommt noch, dass Janne aufgrund des schwedischen Arbeitsrechts fast unkündbar ist, und so werden wir Zeugen eines monumentalen halbstündigen Mentalitätskampfes zwischen Per, der verzweifelt darauf aus ist, Zustimmung zu erhalten und Janne, der diese Zustimmung schlicht nicht gibt.

Nach ein paar Minuten stoße ich Anja an. „Mir fehlt Popcorn“, flüstere ich. Sie nickt.

„In Deutschland würde sowas nicht passieren“, sagt sie.

Ich grinse. „Stimmt! In Deutschland müssten wir für so etwas Eintritt zahlen!“

# 17 AUF DIE PLÄTZE, FERTIG, WEIHNACHTEN

In Deutschland hat es sich in den letzten Jahren eingebürgert, die saisonalen Waren immer früher in die Läden zu bringen. Kaum ist die Fastnachtsdekoration verschwunden, wird das Osterzeug auch schon aufgefahren. Im späten Juli gibt es schon Halloweenkürbisse, und am allerschlimmsten ist es mit dem Weihnachtszeug. Es kommt einem falsch vor, aus 30 Grad Sommerhitze in einen Laden zu kommen, und da stehen schon Weihnachtsmänner, egal, wie sehr die Läden ihre Klimaanlage überdrehen. Kaum fällt das erste Blatt von den Bäumen, kennt der Weihnachtskommerz kein Halten mehr. Geschenke werden in die Läden gekarrt, Süßigkeitenstände mit Weihnachtsmännern, Rentieren und Glocken versperren den Weg, im Fernsehen muss die Milkakuh über die schneebedeckte Alm latschen, während ihre lebenden Vettern draußen noch über das saftig-grüne Gras tollen. Die Leute schmücken ihre Fenster und Gärten mit tausenden Lichtern, jeder noch ein bisschen mehr als der Nachbar, bis es weniger aussieht wie eine festliche

Straße und mehr wie eine Ufo-Landebahn. Von überall her dudelt einem Weihnachtsmusik entgegen, und zum ersten Advent, dem eigentlichen Start der Weihnachtszeit, ist man das Ganze schon so leid, dass man eigentlich nur noch froh ist, wenn Weihnachten endlich vorbei ist.

In Schweden ist das … anders!

Meine Eltern kommen Mitte Oktober mit dem Auto zu Besuch. Wir selbst besitzen kein Auto und nutzen den seltenen Luxus für einen ausgedehnten Großeinkauf im Lidl. Als wir den Laden betreten, fällt mein Blick auf ein Regal mit Schokoweihnachtsmänner, Spekulatius und Adventskalendern.

„Oh mein Gott! Lebkuchen!“ schreie ich, in die Richtung rennend. Meine Eltern werfen mir einen Blick zu, den ich aus meiner Kindheit kenne, eine Mischung aus Erstaunen und Amüsement angesichts vollkommen unverständlicher Reaktionen.

„Ja … Lebkuchen“, sagt mein Vater.

„Die gab es letzte Woche noch nicht“, erkläre ich.

Das brachte mir einen weiteren Blick ein.

„Also, in Deutschland gibt es die schon seit August.“

Erst in diesem Moment fällt mir auf, dass ich tatsächlich bisher in Schweden nichts Weihnachtliches gesehen habe. In den darauffolgenden Tagen durchstreife ich die Stadt auf der Suche nach einem Zeichen für Weihnachten. Da! Ein Pappaufsteller mit Weihnachtsgewürzen in der ersten Novemberwoche im ICA. Eine Woche später, im Akademiska Bokhandeln am Odenplan, drei dunkelbraune Pappweihnachtsbäume mit der Aufschrift: „Wäre das nicht ein gutes Weihnachtsgeschenk?“

Die Kleider in den Schaufenstern werden feierlicher, bekommen mehr Samt, Spitze und Glitter. Aber immer noch keinerlei Deko. Kann es sein, dass die

Schweden Weihnachten schlicht nicht feiern? Auch die Fenster der Häuser sind kahl und nackt, keine Deko, keine Lichter, nichts! In der letzten Woche vor dem ersten Advent verfalle ich in eine Art Weihnachtsentzugsdepression. Ich liebe Weihnachten, und es scheint, als würde ich dieses Jahr keines bekommen. Zwei Tage vorm ersten Advent schleiche ich durch die grauen Gassen, den Mantel hochgeschlagen gegen den Wind, der die Feuchtigkeit der Ostsee in meine Knochen zu treibt, bis ich um halb vier im Stockdunkeln nach Hause fahre. Der Grinch hat das schwedischen Weihnachten gestohlen. Als ich am Abend den allerersten(!) Weihnachtswerbespot im Fernsehen sehe, kommen mir die Tränen. Ja, ich hab am lautesten über den Weihnachtsoverkill geschimpft, aber so ganz ohne ist es auch nicht gut. Ich vermisse die Lichter und den Trubel, auch den Kommerz. Der beste aller Männer fragt mich etwas verdattert, warum ich wegen eines M&M Werbespots weine. Mir fällt keine Antwort ein.

Dann kommt der erste Advent, und mit ihm die Farben und die Lichter.

Kennt ihr die Muppets Weihnachtsgeschichte? Als der Geist der diesjährigen Weihnacht erscheint, beginnen plötzlich alle zu tanzen und zu singen, und die hektische Betriebsamkeit der Londoner Bewohner schlägt um in Jubeln und feiern. Der Weihnachtsmann kommt aus Schweden. Und ebenso wie ihr Landsmann in einer Nacht um die Welt fliegen kann, sind die Schweden in der Lage, innerhalb von einer Nacht die ganze Stadt weihnachtlich zu dekorieren.

Heute laufe ich durch die Stadt und traue meinen Augen nicht: da ein Weihnachtsbaum und da noch einer! Alle Schaufenster sind voll mit Sternen und Christbaumkugeln, in jedem Küchenladen gibt es Ausstechformen für Plätzchen. Alle Einkaufsstraßen sind beleuchtet und geschmückt. Vor dem großen Gebäude des NK stehen die Leute Schlange. Und das ist kein Wunder. Jedes Jahr dekoriert das NK seine Schaufenster mit Weihnachtsthemen. Diese Bilder sind wahre Kunstwerke, und im ganzen Land bekannt. Zusammen mit dem Nobelfest und den Weihnachtskonzerten gehören diese Schaufenster zu den typischen Themen, die auf einem Weihnachtsfest so wenig fehlen dürfen wie das traditionelle Weihnachtsbüffet, das Julbord. Was ist das Thema der Fenster dieses Jahr? Ist es besser als letztes Jahr? Welches war das Allerbeste? Wenn ihr mal eine Viertelstunde Zeit habt, schaut euch die Motive der letzten Jahre im Internet an (NK, jul, fönster). Es lohnt sich, versprochen!

Als ich mich aus der Masse schäle, ruft mein Freund an. Vor der Universität stünde ein zehn Meter hoher Weihnachtsbaum mit Beleuchtung und Kugeln und allem. In den Fenstern stehen Weihnachtsorgeln und hängen Weihnachtssterne. Alle Büchereien haben plötzlich einen Tisch mit Weihnachtsbüchern draußen stehen. Es ist, als hätte gesamt Stockholm innerhalb von einer Nacht von Nicht-Weihnachten auf Weihnachten umgestellt. Es ist traumhaft. Ich bekomme das Grinsen den ganzen Tag nicht aus dem Gesicht. Es ist perfekt, na ja, fast: Im Fernsehen läuft immer noch viel zu wenig Weihnachtswerbung.

P.S. Auch das Wetter hat sich dem perfekten Timing angeschlossen, seit gestern scheint die Sonne, und nachts wird es klirrend kalt.

# 18 WEIHNACHTSZEIT IN SCHWEDEN: KILL BILLY!

Gerade habe ich mir einen heißen Glögg eingeschenkt und mir eine Luciabulle aus der Küche geholt. Weihnachtszeit in Schweden, allein das klingt so kitschig, dass jeder Leser vor seinem inneren Auge einen Elch vorbeiziehen sieht. Es ist aber auch wunderschön! Seit zwei Wochen liegt Schnee, und kaum ist der schmutzig und hässlich und vereist, kommt die nächste Wolke und wirft eine neue Ladung von dem weißen Fluff ab. Alles funkelt und glitzert, und selbst das Stadshuset, das für die Nobelpreisverleihung mit 200.000 Blumen geschmückt worden ist, kann mit dieser Pracht nicht ansatzweise mithalten. In allen Fenstern leuchten Lichterketten, Lichtorgeln und Weihnachtssterne, aber nie geschmacklose Blinklichtern oder lebensgroße Rentiere auf dem Dach- Protzen ist in Schweden auch an Weihnachten verpönt. Abgesehen davon, die Rentiere hat man hier wenn überhaupt, im Garten, und nicht auf dem Dach. Und wenn das passiert, dann jagt man die Viecher weg, bevor sie alles zerfressen. Aber ich schweife ab.

Von außen mag all das wunderschön idyllisch aussehen, aber ich kann euch versichern, dass die schwedische Weihnacht keineswegs ein Weicheifest ist, wo alle lieb und sanft und freundlich zueinander sind. Nein, die Weihnachtszeit ist gespickt mit Prüfungen, die nur die Härtesten überleben. Glögg zum Beispiel!

Glühwein heißt in Schweden Glögg und wird typischerweise heiß aus winzigen Tassen getrunken. Diese Woche auf dem Weihnachtsmarkt am Stureplan: Ein Deutscher stürzt an mir vorbei. Zitternd, mit dickem Schal roter Nase und unüberhörbaren Akzent bestellt er zwei Glögg, während sein schwedischer Kumpel langsam herbeischlendert. Der Deutsche nimmt den Glögg und kippt das süße Zeug in sich hinein. Plötzlich lässt er die Tasse fallen, hustet und japst und sackt in den Schnee, während sein Gesicht langsam die Farbe der Bravehart-Tattoos annimmt (ein sehr schöner Kontrast zur roten Nase). Sein Kumpel tritt hinzu, zielt kurz und schlägt dem Mann auf den Rücken. Etwas schießt aus seinem Mund und bohrt sich in den Schnee. Immer noch keuchend rappelt sich der Deutsche auf, und schaut in die Tasse, die er die ganze Zeit festgeklammert hielt.

„Da sind ja Stücke drin“, ruft er.

„Natürlich“, antwortet der Kumpel.

„Wie natürlich? In Glühwein sind nie Stücke drin.“

„Das ist Glögg. Und Glögg wird mit Rosinen und Mandeln serviert.“

„Beim ersten Mal Glöggtrinken wäre ich fast erstickt“, diesen Satz habe ich hier zu oft gehört, um ihn als Zufall abzutun. Zunächst denkt man ja, es wäre die eigene Dämlichkeit. Glögg wird tatsächlich mit Einlage serviert, gut in die falsche Kehle rutschende Rosinen, gestiftelte Mandeln. Mittlerweile glaube ich, dass Glögg eine Art Selektionsmechanismus der Schweden ist: trinkst du Glögg und hast keinen Freund, bist du halt tot!

Oder kommst ins Krankenhaus, womit wir beim

zweiten Brauch wären: Lucia. Du hast die Glögg-Attacke überlebt, liegst in einem gemütlichen Krankenhausbett, vor dem Fenster wirbeln die Flocken. Plötzlich ein Geräusch! Du schreckst hoch. Da ist jemand vor der Tür! Oder? Wahrscheinlich hast du dir das nur eingebildet. Du lässt dich ins Kissen zurücksinken. Das Zwielicht des schwedischen Morgens, gefiltert durch den Schnee wirkt einschläfernd, und dir fallen die Augen zu. Plötzlich öffnet sich die Tür. Du siehst Licht, weiße Gestalten, skurrile Köpfe, die im Fackelschein spitz zulaufen. In ihrer Mitte eine blasse Frau mit brennendem Kopf, ein roter Streifen wie Blut läuft über ihr weißes Gewand. Schaurige Laute ausstoßend treten die Wesen zu dir ins Zimmer. Außer in Schweden und Hollywood eine Horrorvorstellung. In Hollywood kannst du nach dem Regisseur rufen, und in Schweden – da bekommst du Gebäck und Kaffee.

Santa Lucia war eine Heilige des frühen Christentums, die nachts in die Krankenhäuser schlich, um die Armen und Kranken zu versorgen. Um die Hände frei zu behalten, trug sie einen Kranz aus Kerzen auf dem Kopf. In Erinnerung daran geht am 13. Dezember früh morgens die Lucia, eine junge Schwedin, in die Krankenhäuser, Altenheime und Kindergärten, begleitet von anderen jungen Mädchen und Jungen in spitzen Hüten. Alle sind weiß gekleidet, die Lucia trägt die Lichterkrone und eine rote Schärpe als Zeichen ihrer Märtyrerschaft. Sie tragen Kerzen und singen, als Zeichen, dass die Dunkelheit, die im Augenblick bedrückend und düster wirkt, nicht bleiben wird, sondern das Licht und die Hoffnung wiederkommen. Die Luciachöre singen meist wunderschön, für diesen Auftritt wird monatelang geprobt. Auch an grummelige Zeitgenossen wie mich haben die Lucias gedacht und bringen neben Licht und Gesang auch Kaffee und Lussekatter mit, Kaffeestückchen mit Rosinen und

Safran, die es nur um diese Jahreszeit gibt. Und nach dem ersten Schluck Kaffee verwandeln sich die schaurigen Laute in schönen Gesang.

Ich muss zugeben, nicht alles an der schwedischen Weihnacht ist grausam, es gibt auch freundliche Momente.

Doch die vergehen schnell und der Schwede steht seiner größten Herausforderung gegenüber: dem Julbord!

Wörtlich übersetzt heißt Julbord Weihnachtsbüfett, und ursprünglich war es auch genau das. Wie bei den meisten zivilisierten Völkern wird auch in Schweden zu Weihnachten mehr gegessen, als irgendein Magen fassen kann. Die Gerichte sind traditionell jedes Jahr gleich: Weihnachtsschinken, verschieden eingelegter Hering Graved Lachs, Krabben, unbedingt Köttbullar, Prinskorv (kleine Würstchen), Sülze, Lutfisk (getrockneter und wieder aufgeschwemmter Fisch, der aussieht wie Wasserleiche), Julkorv (Wurst mit Schweinefleisch), Jansons Versuchung (Kartoffel-Anchovigratin), Rote Bete Salat und zahlreiche andere Leckereien. „Wer soll das alles essen?“, fragt ihr jetzt, und: „Also so etwas Schweres würde ich zu Weihnachten nicht wollen.“ Jetzt kommt der Clou: die Schweden auch nicht! Egal, wen ich gefragt habe, alle reagierten mit einem: „Also dieses Gericht (beliebiges Gericht der obenstehenden Liste) mag ich eigentlich gar nicht.“ Und dann nach kurzem Zögern: „Aber es gehört halt dazu.“

Julbord, hat mich ein Weihnachtsbuch informiert, stammt aus einer Zeit, als Schweden hauptsächlich von Bauern bewohnt waren. Die Fastenzeit Advent wurde zu Weihnachten gebrochen. Und dann wurde selbstverständlich geschlemmt. Noch dazu wurde vor Weihnachten geschlachtet. Die Vielfalt des Julbords beruht auch darauf, dass die verschiedenen Teile des Schweins auf phantasievollste Weise verwendet und möglichst nichts verschwendet werden soll. Das Buch geht hier noch weiter ins Detail und nennt detailliert, für welche Rezepte die Füße und der Kopf verwendet werden. Falls ihr noch nach Beweisen sucht, dass Schweden die härteren Menschen sind: Das war ein Kinderbuch!

Heute lebt nur noch ein Bruchteil der Schweden von der Landwirtschaft. Aber das Julbord hat sich nicht nur gehalten, es ist sogar noch erfolgreicher geworden. Wurde es früher nur am Weihnachtsabend verzehrt, ist es mittlerweile das typische Essen auf jeder Weihnachtsfeier! Stellt euch vor, ihr müsstet euch auf jeder Feier einem Menü wie dem oben genannten stellen. Dafür brauchst du echt einen Magen aus Stahl! Oder jede Menge Snaps!

Und so sieht man während der Adventszeit an allen Abenden Menschen durch die weiß verschneite Altstadt torkeln, getragen vom (Wein-)Geist der diesjährigen Weihnacht. Und wenn man zu viel getrunken hat, oder zu dumm war, sich ein Taxi zu rufen: Man sollte sich nicht zum Schlafen legen. Die Nächte sind kalt. Am Heiligen Abend versammeln sich die Überlebenden, glücklich, Zeit miteinander verbringen zu dürfen, und wieder ein Jahr Adventszeit mit seinen Gefahren überstanden zu haben.

# 9 SEMLOR STATT KAMELLE

Diese Woche sah ich im Internet ein Video von vier schunkelnden Gestalten vor dem Kölner Dom. Einen Moment lang blieb ich sitzen, dann ging ich ins Bad, eine verräterische Träne von der Backe wischend. An Fastnacht fühle ich mich in Schweden wie im falschen Film. Ich liebe Fastnacht, das Verkleiden, die Umzüge, den Bonbonregen, und ja, sogar die Musik, Letzteres natürlich nur an Fastnacht, den Rest vom Jahr möchte ich damit verschont bleiben. Am fetten Donnerstag werden den Männern die Krawatten abgeschnitten und das Rathaus gestürmt. Am Rosenmontag geht man zum Umzug. Das ist der natürliche Lauf der Welt, und es ist mir unbegreiflich, dass nicht jeder auf diesem Planeten diesen Wunsch verspürt.

Fastnacht wird vor allem in ehemals sehr traditionellen und religiösen Gegenden gefeiert. Die Schweden, die in der Mehrheit entweder Atheisten oder Lutheraner sind, hatten mit Fastnacht nie viel am Hut, und heutzutage ist kaum was übrig. Die Dagens Nyheter schreibt zu Aschermittwoch über die Fastenzeit, dass das cool und modern wäre, eine Weile auf etwas zu verzichten. In den Konditoreien gibt es Semlor, Kaffeestückchen, die traditionell am Fastnachtsdienstag, der in Schweden der fette Dienstag genannt wird, gegessen werden. Meist gibt es sie schon Wochen vorher, und Wochen nachher – so viel zur Fastenzeit, zu kaufen. Sie bestehen aus Hefeteig, mit Kardamom und Zimt, gefüllt mit einer Marzipanmasse und viel Sahne. Und wenn ich sage viel Sahne, meine ich viel Sahne.

Ich würde mehr über die Semla schreiben, aber wozu? Es ist ein Kaffeestückchen. Die Schweden mögen glauben, dass das der Gipfel der Dekadenz darstellt. Aber jemand der den Mainzer, den Kölner, ja selbst den Saarwellinger Karneval kennt, hat doch für so was nur ein müdes Lächeln übrig. Der beste Mann und ich haben ein bisschen Fastnacht zuhause gefeiert, uns verkleidet und mit einer Flasche Sekt angestoßen. Und am Dienstag waren wir bei Freunden zum Semlorbacken eingeladen. Beides war ganz nett und hat Spaß gemacht. Aber nächstes Jahr hol ich mir Urlaub und buche einen Flug nach Mainz. Pfeif´ auf die Semlor, der Sultan hat Durst!

# 20 GORGO

Ich sitze im Bus von Linköping nach Stockholm. Auf dem Platz neben mir schnarcht mein Freund. Wie vertraut hier alles wirkt! Ich kenne dieses Land und seine Farben, die grauen Felsen, die braunen, frisch aufgetauten Felder, die dunkelgrünen Wälder aus Kiefern und Tannen, zwischen denen schmutzigweiß der letzte Schnee hervorlugt. Warum nur kenne ich diese Orte wie meine eigene Heimat? Habe ich psychische Kräfte? Bevor ich anfangen kann, über meine eventuelle Wiedergeburt zu philosophieren, fällt es mir ein. Natürlich! Wie konnte ich das nur vergessen? Nils Holgersson!

Mein erster Kontakt mit Schweden, das war Nils Holgersson. Später würde ich mit Pippi im Ballon fliegen und mit Ronja über die Höllenschlucht springen. Aber meine früheste Kindheit war geprägt von dem kleinen Jungen, der mit den Wildgänsen über Schweden flog. Mein Papa hatte alle Folgen auf Video aufgenommen, und ich sah sie hoch und runter und kann sie bis heute noch vollständig zitieren. Ich hatte die Kassetten mit den viel erwachseneren und blutigeren

Originalgeschichten, und ich bewundere meine Eltern heute noch dafür, dass sie die nicht irgendwann aus Versehen aus dem Autofenster gefeuert haben, so oft mussten wir sie hören. Ich liebte Nils Holgersson mit einer Inbrunst, die ich heute nur noch für Tom Hiddelston oder das neuste Sabaton-Album aufbringen kann. Und natürlich, schließlich war ich ein Kind, spielte ich die Folgen auch nach. Lange bevor ich Martin kennenlernte, lange bevor ich Schweden zum ersten Mal mit eigenen Augen sah, rannte in meiner Fantasie über das Fjäll und flog mit den Wildgänsen über das Land.

Damals war ich fast jedes Wochenende bei meinen Großeltern. Das war ein Deal, der allen Beteiligten entgegen kam: meine Eltern hatten ein paar Stunden Ruhe vor mir, meine Großeltern freuten sich, ihre Enkelin um sich zu haben, und ich hatte den ganzen Tag Leute, die mit mir spielten.

Meine Oma brachte mir Romméspielen bei. Bestimmt versteckt sich immer noch irgendwo ein Block, auf dem unsere Punkte stehen. Außerdem briet sie das beste Putenschnitzel auf der Welt, mit Kartoffeln und Erbsen. Mit Opa spielte ich Nils Holgersson. Ich war stets Nils Holgersson, während Opa manchmal die Rolle der Hausgans Martin übernahm. Noch öfter war er aber der Adler Gorgo. Noch einmal zur Erinnerung: Nils Holgersson wird in ein Wichtelmännchen verwandelt, und fliegt zusammen mit den Wildgänsen. Nach etlichen Abenteuern wird Nils von der Schar getrennt, und landet im Freilichtmuseum von Skansen, wo er den Adler Gorgo kennenlernt und befreit. Gemeinsam fliegen die Beiden nach Lappland zu den Gänsen. Auf ihrem Weg erleben sie viele Abenteuer.

Und wie viele mehr haben wir erfunden, Opa und ich! Wir sahen die Elche wandern, und die Biber, die in der Mittsommersonne ihre Burgen bauten, die Universität in Uppsala und die roten Gruben von Falun.

Wir sammelten Blaubeeren, erblickten den roten Turm Stockholms, wie er aus den Nebeln der Wasser auftauchte. Dabei mussten wir vorsichtig sein, denn immer verfolgte uns Smirre, der Fuchs. Wie oft erklang mein Ruf: „Gorgo, los!“ auf der Terrasse. Und schon flogen wir wieder. Vorsichtig geschätzt dürften wir Schweden etwa zwanzig Mal überquert haben.

Verwandte und Freunde bewunderten die Geduld meines Großvaters. Dies verstand ich wiederum gar nicht. Manche wiesen mich darauf hin, dass mein Gorgo nicht fliegen könnte, schließlich hätte er nur einen Flügel. Mein Opa hatte einen Arm im Krieg verloren. Ehrlich gesagt hielt ich diese Leute für bescheuert. Mein Opa war ein Steinadler, wir flogen über Schweden, und die bekümmerten sich um einen Arm mehr oder weniger? Es gab Wichtigeres! Wir mussten verhindern, dass der Biberdamm brach.

Heute, als erwachsene Frau, verstehe ich diese Leute besser. Wie sie sehe ich in meiner Erinnerung einen grauhaarigen Mann mit leuchtenden Augen, das kleine Kind, das auf seinem Schoß herumspringt, und an ihm zerrt. Wie er unverdrossen mit dem Arm rudert, und mit dem Stummel, der ihm von dem zweiten Arm geblieben ist. Und ich bin baff vor Staunen und etwas, was an Ehrfurcht grenzt. Wie hat er das ausgehalten? Woher nahm er die Energie und die Geduld?

Lange, nachdem ich zu alt geworden war, um Nils Holgersson zu spielen, hielt diese Kameradschaft zwischen mir und meinem Opa, dieses verborgene Band, das aus gemeinsam durchgestandenen Abenteuern geschmiedet wurde. Er war immer furchtbar stolz auf mich, sogar während meiner Teenagerzeit, in der ich nicht viel tat, auf dass man stolz sein könnte. Zu meinem Abitur schenkte Opa mir dann eine Kamera. Er wusste, dass es mich von Zuhause wegtrieb, dass ich den Wind der Welt spüren wollte, so wie wir es vor vielen Jahren auf der Terrasse geübt hatten. Er bat mich, Fotos zu machen, von den Orten, die ich sehen würde. Und das tat ich. Jahrelang führte mich nach jedem Urlaub der Weg zu meinen Großeltern, wo mein Großvater auf mich wartete, auf die Fotos und auf die Abenteuer, die ich erlebt hatte.

Dass ich wirklich nach Schweden gezogen bin, erlebte er leider nicht mehr. Der Adler Gorgo ist unsterblich, mein Großvater war es leider nicht, und er starb, viel zu früh.

Man sagt, je mehr man jemanden geliebt hat, desto größer ist die Lücke, die er hinterlässt, und ich spüre diese Lücke noch heute fünfzehn Jahre später. Immer wenn ich daran denke, kommen mir Tränen, so auch an jenem Tag, im Bus von Linköping nach Stockholm. Ich hatte auch von diesem letzten Trip Fotos gemacht. Aber das kam mir grad so sinnlos vor. Ich konnte sie Opa nicht mehr zeigen. Er würde nie sehen, wie es in Schweden tatsächlich aussieht, würde nie meine Bilder sehen von Stockholm, von den Felsen, Skansen, von den Wäldern und den Seen, und … ein anderer Gedanken durchschoss meinen Kopf, so anders und neu, dass ich lachen musste. Was war ich doch für eine Närrin! Ich brauchte ihm die Fotos nicht zu zeigen. Er hatte doch alles gesehen, mit mir zusammen hatte er Schweden bereist, in unserer Phantasie, in unseren geteilten Erinnerungen. Nein, ich brauchte ihm die Fotos nicht zu zeigen, damit er weiß, wie Schweden aussieht. Gorgo war schon hier gewesen, wir waren schon mindestens zwanzig Mal über eben dieses Land geflogen. Und das mit nur einem Arm.

# 21 SPORTLOV

Dieser Tage gehen in Stockholm seltsame Dinge vor. In den Buchläden werden Tische mit Planen abgedeckt, unter denen mysteriöse Haufen lagern. In Stadium und Sportscheck hängen Prozentzeichen an allen Waren. Es ist Anfang März und wir Auswanderer lernen zwei neue Begriffe: Sportslov und Bokrea.

Sportslov heißt wörtlich übersetzt Sportferien, und wer sich wundert, dass der Sport seine eigenen Ferien bekommt, kennt Schweden nicht. Schweden lieben Sport! Nein, ernsthaft, Schweden lieben Sport in jeder Variation. Die Stadt ist gepflastert mit Sportbars, in denen man auf unzähligen Schirmen gleichzeitig Football, Golf und Dart schauen kann. Im Fernsehen werden alle Fußballspiele genauso übertragen wie die Winterspiele oder die internationale Meisterschaft im Tauziehen. In meinem Bekanntenkreis befinden sich ein halbes Dutzend Leute, die auf internationalem Niveau Hallenhockey, Trickfußball und Minigolf spielen. Während der Olympischen Spiele kann dir jeder Schwede auf der Straße Auskunft über den Stand der Olympioniken geben. Und zwar aller Disziplinen! Im

Land des Lagom ist Sport eine Art von nationaler Verrücktheit, die vielleicht nur noch vom Eurovision übertroffen wird.

Ein ganz besonderer Platz im Herzen der Schweden gehört jedoch dem Wintersport. Jedes schwedische Kind hat Langlaufski im Keller stehen. Jeder Schwede, den wir kennen, spielt Eishockey. Ich hegte lange die Theorie, dass schwedische Kinder auf dem Eis laufen lernen, und ihr erstes Paar Schuhe Kufen haben.

Der Wintersport bekommt in Schweden sogar seine eigenen Ferien, besagten Sportslov. In der ersten Märzwoche sind alle Kinder zuhause oder auf den Pisten. Bevor euch der Neid packt: Sportslov ist quasi das schwedische Pendant zu unseren Fastnachtstagen, die es hier nicht gibt.

Sportlov ist auch die Zeit der sozialen Diskussionen: Jedes Jahr werden Riesendiskussionen darüber geführt, wie die Kinder aus weniger begüterten Familien auch in den Wintersport fahren können. Manchmal sind Schweden so schwedisch! Für diejenigen Kinder, die zuhause bleiben müssen, wird ein Kinderfreizeitprogramm aufgefahren, gegen das unsere Sommerprogramme wie ein dilettantischer Versuch wirken. Ganz ehrlich: Wäre ich Kind, würde ich lieber die coolen Programme in der Stadt mitmachen, als mit Mama und Papa irgendwo in eine einsame Hütte zum Skilaufen zu fahren.

Natürlich wollen auch wir am Sportslov teilhaben. Skier und Schlittschuhe passten leider nicht in meine 28 Kilo, aber das ist kein Problem. Die Sportlov-Ferien markieren nämlich auch das Ende der Skisaison, weswegen sämtliche Sportläden ihre Winterkollektion noch schnell an den Mann oder die Frau oder auch das Kind zu bringen versuchen.

Also ab ins Einkaufszentrum. Da ist richtig was los. Alle Schweden haben offenbar beschlossen, auch genau heute einkaufen zu gehen. Außerdem ist heute großes Sportslov Programm, und das Zentrum hat neben Airhockey, Trampolin und Cheerleadern einen Zauberer eingeladen. Ein schwarz gekleidetes Männlein mit schiefen Zähnen und einer Stimme wie Verona Feldbusch springt wild mit bunten Tüchern wedelnd auf der Bühne hin und her. Er hat auf mich die Wirkung wie eine Mischung aus Kasperletheater, Benjamin Blümchen Kassette und Kreide auf der Schiefertafel. Aber vielleicht bin ich auch nur zu alt …

Sportsachen finden wir dagegen nicht. Alle Größen sind da, außer unseren. War ja klar! Also tröste ich mich mit der zweiten Attraktion der Woche: Bokrea!

Im Gegensatz zu Deutschland findet man in den schwedischen Buchläden nur selten Grabbeltische mit Remittenten oder Sonderangeboten. Aber einmal im Jahr wird das gesamte Lager verscherbelt. Preisermäßigungen von bis zu 40% sind keine Seltenheit, für alle Bücher im Laden, wohlgemerkt, denn Schweden kennt keine Buchpreisbindung. Dazu gibt es oft Super-Sonderangebote, die unter Tüchern versteckt werden. Zum ersten Tag von Bokrea, oft um Mitternacht, werden diese Schätze gelüftet.

Gestern hab ich bereits eine Bokrea-Tour durch die Stadt gemacht. Zum Hedengrens, einem unabhängigen Buchladen, der auch eine Auswahl deutscher Bücher hat und zum Scifi-Buchladen in der Innenstadt, den ich normalerweise meide, weil mir schon bei Betreten des Ladens automatisch 300 Kronen vom Konto abgebucht werden. Darunter kam ich da noch nie raus. Zuhause wartet bereits ein großer Stapel neuer Bücher auf mich, und deshalb erwarte ich Proteste von meiner besseren Hälfte, als ich unauffällig in Richtung Buchladen schleiche. Er bleibt zurück und mustert die Auslagen. Im Shop finde ich zwei neue Krimis. Draußen kreischt Verona Magier weiter. Martin erwartet mich vor der Tür, grinst mich an und nimmt mir die Tüte aus der Hand.

„Hast du was Gutes gefunden?“

„Und ob! Den neuen Ann Cleeves und den letzten

Fargo von Clive Cussler."

„Klingt gut. Freut mich!"

„Ich hab vielleicht zu viele Bücher gekauft."

„Ach was! Zu viele Bücher gibt es nicht."

Habe ich erwähnt, dass er der Beste aller Männer ist?

Auf dem Weg nach draußen kommen wir an unserem Stamm-Secondhandladen vorbei. Wir wechseln einen Blick und gehen hinein. Gute Entscheidung!

Für Sportslov hat unser Loppis eine eigene Abteilung für Wintersportausrüstung in der Größenordnung einer kleinen Boutique eingerichtet. Die Abteilung ist so gut sortiert, dass sowohl ich (Größe 36) als auch mein Liebster (Größe 45) auf Anhieb Schlittschuhe für den Preis eines Latte macchiato bekommen. Ich war kurz davor, mir auch noch Langlaufschier zu kaufen! Jetzt fehlt nur noch der Winter …

Entgegen der landläufigen Meinung ist Schnee für Stockholm eher ungewöhnlich. Wir leben hier nah an der Küste, das Wetter ist ozeanisch geprägt mit milden Temperaturen und ergiebigen Niederschlägen. Übersetzt für alle Nichtgeographen: Sauwetter! Dieses Jahr hingegen ist ein besonderes Jahr. Am 14. Dezember begann es zu schneien, und seitdem haben wir durchgehend Schneedecke und Temperaturen unter null Grad. Die Kommunen reagierten sofort: Alle Räumfahrzeuge raus schicken, Loipen spuren und Eisflächen fürs Schlittschuhlaufen vorbereiten. Auch in unserem kleinen Ort gibt es ein Außenfeld, auf dem man gratis eislaufen kann. Also noch schnell die Bücher heimbringen, und dann nichts wie hin! Außer uns tummeln sich ein paar Leute auf dem Feld, alles in allem ist es erfreulich leer.

Das letzte Mal war ich Eislaufen, als ich eine blau

gefärbte Strähne hatte und ausschließlich schwarze Klamotten trug. Zögerlich setze ich meinen ersten Fuß aufs Eis. Zu der allgemeinen Angst, mich zu blamieren, kommt die besondere, von schwedischen Eishockeykindern den Puck an den Kopf geschlagen zu bekommen, oder über den Haufen gefahren zu werden. Auf dem Feld steht auch ein Vater mit seinem Kleinkind, das aussieht, als könnte es erst seit kurzem überhaupt laufen. Also kann es ja wohl nicht so gefährlich sein.

Meine Ängste sind völlig unbegründet. Zur schwedischen Mentalität gehört eine tief verwurzelte Angst, sich zu blamieren oder die Blamage anderer Leute zu beobachten, die dazu führt, dass Schweden sich für gewöhnlich nicht über das Nichtkönnen anderer Menschen lustig machen. Man selbst könnte ja morgen bei etwas erwischt werden, in dem man nicht gut ist, und dann möchte man ja auch nicht ausgelacht werden. Was die schwedischen Eishockeykinder angeht: Die sind so gut, dass sie gleichzeitig rückwärtsfahren, den Puck schlagen, den Gegner im Auge behalten UND zwei deutschen Deppen ausweichen können, die nicht in der Lage sind, geradeaus zu fahren. Und weil sie auch Schweden sind, tun sie das so dezent, dass es fast zufällig aussieht, dass sie immer einen Schlenker von zwei Meter Abstand machen.

Nach einer halben Stunde haben wir den Bogen raus und stolpern nicht mehr nur durch die Gegend. Wir schaffen es, die gesamte Länge zu fahren, viermal überholt von dem Kleinkind, beim letzten Mal fährt es rückwärts und winkt uns fröhlich zu. Ich glaube, für das Kind sehen wir aus wie zwei Nilpferde in einer Herde Schwäne. Aber, wie wir aus Disneys Fantasia wissen, auch das kann ja ganz unterhaltsam sein.

# 22 FRÜHLINGSERWACHEN

Während der letzten zehn Tage hat es in und um Stockholm kräftig getaut. Die Schneeschichten wurden dünner, überall kamen Zäune, Sträucher, Steine, und schließlich hier und da sogar die gefrorene Grasnarbe zum Vorschein. Wir hofften und bangten. War es nun so weit? Würde nun der Frühling kommen? Dann stand es donnerstags in der Zeitung: heftiger Neuschnee, Verkehrschaos in Skane! Bis zum Nachmittag war der Schnee in Stockholm angekommen. Auf dem Weg zur Bushaltestelle musste ich durch fünf Zentimeter Neuschnee stapfen. Glücklich sang vor mich hin. Willkommen im schwedischen Frühlingsanfang!

Es scheint eine Art Abschiedsritual des Winters zu sein. Jedes Jahr während der Schneeschmelze schneit es noch einmal kräftig. Aber weit entfernt davon, sich entmutigen zu lassen, strengt sich die Sonne richtig an, als wollte sie dem Winter zeigen, wer ab jetzt Herrin in Skandinavien ist, und der neue Schnee verschwindet so schnell, wie er gekommen ist. Welche Mengen Wasser gebunden waren, wird erst deutlich, wenn der Schnee taut und Seen und Flüsse, kaum von Eise befreit, über die Ufer treten. Einige wenige Tage ist alles nass, die Bäume und die Erdschicht saugen sich voll mit Wasser, bevor der Überfluss in die Meere abläuft. Zurück bleiben kleine Steinhaufen, denn in Schweden wird mit Splitt gestreut, und große Mengen Müll.

Touristen sind für gewöhnlich erstaunt, wie sauber es in Schweden ist. Derzeit nicht. Die Sonne bringt es an den Tag: Fensterscheiben, Wege, Autos, alles starrt vor Dreck. Schweden sind zwar größtenteils reinlich. Aber in drei Monaten Dauerschneedecke sammelt sich doch einiges an. Und dann sind da noch diese dummen Jugendlichen, die immer und überall ihre Bierflaschen und Zigarettenkippen in die Gegend schmeißen und die ich gerne mal übers Knie legen würde.

Sobald der letzte Schnee getaut ist, rücken die Leute von der Stadtreinigung aus, um alles sauber zu machen. Das ist etwas anders, als man es aus Deutschland kennt.

Ich muss in die Stadt, um mir ein Buch zu kaufen. Na ja, müssen nicht so wirklich … obwohl, doch! Manche Bücher muss man kaufen. Schon auf dem Weg zur U-Bahn fällt mir auf: Etwas ist anders. Ich schwitze. Schnell ziehe ich den obersten meiner Pullover aus, darin habe ich mittlerweile Übung. Dieser Winter brachte uns Temperaturen bis minus zwanzig Grad, und Zwiebelschalen-Look ist die einzige Möglichkeit, das zu überleben, wenn man nicht drei Monate lang bibbernd unter der Bettdecke hocken will. Doch nun fallen die Hüllen. In der U-Bahn ziehe ich den zweiten Pullover aus und trage zum ersten Mal in diesem Jahr nur noch ein T-Shirt, unter der dicken Winterjacke natürlich. Wir reden hier von Schweden im März!

Das Buch ist schnell gekauft, und mit einer Tüte in der Hand flaniere ich noch ein wenig durch die Stadt. Frohgemut biege ich um eine Kurve und bleibe abrupt stehen, als ich in eine Szene laufe, die mich an

Hollywood erinnert: Fünf vermummte Männer stapfen mit dröhnenden Maschinen durch die Büsche, zwei kleine Autos patrouillieren zwischen den Männern und einem LKW hin und her. Auf der anderen Straßenseite ist ein Café, und nachdem ich mich überzeugt habe, dass eine Schießerei oder eine Geiselnahme unwahrscheinlich sind, setze ich mich und beobachte das Treiben. Es dauert tatsächlich fast eine Viertelstunde, bis mir endgültig klar wird: Die bauen da kein Hochhaus und planen auch keinen Staatsstreich. Die machen einfach nur die Straße sauber. Die vermummten Männer laufen mit Laubbläsern durch die Büsche, und blasen Müll und Steinchen Richtung Gehweg, wo sie von den kleinen Kehrmaschinen aufgesammelt und zu den LKWs gebracht werden.

Zuerst dachte ich, das sei ganz schön übertrieben, da einzeln die Steinchen einzusammeln. Aber es sind eine Menge Steinchen. Würden sie das nicht sorgfältig jeden Winter entfernen, hätten sie in ein paar Jahren kein Grün mehr in der Stadt, sondern nur noch Steingarten. Die LKWs fahren übrigens in eine Sammelstelle, wo der Splitt vom Müll getrennt und im nächsten Jahr wiederverwendet wird. Das ist wirklich wahr!

Eigentlich sollte ich weitergehen. Die Maschinen machen einen Höllenlärm. Aber ich bleibe fasziniert sitzen und beobachte, wie sich die Straße vor meinen Augen verwandelt. Vorher eine halbe Müllkippe, mit Dosen, Flaschen und Zigarettenpäckchen verunstaltet, bleibt eine blitzsaubere Straße zurück. Es ist einfach nur schön, und am liebsten möchte ich mich bei den Arbeitern bedanken. Die Sonne ist zurück. Man kann draußen sitzen, in der Stadt, mit einer Decke und einem heißen Kaffee. Die Fährschiffe fahren wieder, und die Ostsee funkelt wie tausend Diamanten. Ich bin in Stockholm, der schönsten Stadt der Welt, und nun beginnt der Frühling.

# 23 STOCKHOLMS MUSEEN

„Und was machen wir?“, fragt Katrin. Wieder einmal haben wir Besuch aus Deutschland, dem ich stolz meine Stadt zeige. Gestern waren wir in Gamla Stan, für heute ist noch nichts geplant.

„Weltherrschaft an uns reißen?“

„Bei dem Wetter?“

„Auf was hast du Lust?“, frage ich mit Blick aus dem Fenster. Es ist ein typisch schwedischer Sommertag: Es regnet.

Katrin folgt meinem Blick. „Gibt es nicht auch schöne Museen hier?“, fragt sie unsicher.

Wie jede anständige Hauptstadt bietet auch Stockholm eine Fülle von Museen, und seit 2016 kosten die meisten keinen Eintritt mehr, ein Wahlgeschenk der derzeitigen Regierung an die Bevölkerung. Mal sehen, wie lange es so bleibt.

Museen gibt es also genug, allerdings sind die meisten eher klein und wenig beeindruckend. An einem regnerischen Tag kann man sich durchaus mal eines ansehen, aber man verpasst kaum, wenn man sich das spart. Mit zwei Ausnahmen: Skansen und Vasa.

„Wir könnten zum Vasamuseum“, sage ich langsam. Katrin verzieht das Gesicht.

„Davon hab ich gelesen. Ist das nicht das Schiff?“

Ich nicke langsam.

„Dann will ich da nicht hin. Zu viel Geld für ein einfaches Schiff.“

Ich grinse. „OK, wenn du das glaubst, dann müssen wir dahin.“

Das Vasamuseum ist ein Phänomen, ein Weltklassemuseum mit einem einzigen Ausstellungsstück. Aber was für eines! Die Vasa war das Flaggschiff von König Gustav Vasa, das bei seiner Jungfernfahrt sank und mehr als dreihundert Jahre lang auf dem Meeresgrund lag. Das kann man allerdings fast nicht glauben, wenn man das Schiff sieht. Es ist fast komplett erhalten, und sieht aus, als wollte es am nächsten Tag wieder in See stechen. Denkt an Fluch der Karibik, etwa so sieht das Schiff aus, eine Erinnerung an die Zeit, als Schweden Großmacht war und die Ostseestaaaten mit Krieg überzog. Und darum geht es in dem Museum, denn als die Vasa gehoben wurde, fanden die Forscher nicht nur den Schiffskörper, sondern natürlich auch die Ausrüstung, Alltagsgegenstände, und sogar die Menschen selbst. Etliche Skelette wurden geborgen, all die traurigen Seelen, die sich nicht retten konnten, als das mächtige Schiff kippte, und die von den losgerissenen Kanonen eingeklemmt wurden. Das alles wird im Museum beschrieben, und auch wie man zu Zeiten von Gustav lebte, warum das Schiff überhaupt sank. Das ist übrigens kompliziert, die Kurzzusammenfassung: Der König war schuld. Hat ihm damals natürlich keiner gesagt. Wie das Schiff gehoben wurde, und wie es genutzt wird, um heutige Forschung voranzutreiben. Ich selbst war schon ein halbes Dutzend Mal im Museum, und jedes Mal entdecke ich etwas Neues. Am beeindruckendsten finde ich persönlich die

Augenzeugenberichte. Die Vasa warf damals den gesamten Staat in eine tiefe Krise. Das teure Flaggschiff, der Stolz des Königs war lange angekündigt und sehnsüchtig erwartet worden. Tausende Stockholmer waren direkt oder indirekt an den Arbeiten in der Werft beteiligt gewesen. Und dann der große Tag, die Jungfernfahrt, und das Schiff säuft ab vor aller Augen, noch im Hafen. Die Vasa war so etwas wie der Berlinflughafen des 17. Jahrhunderts. Nur noch viel schlimmer. Dann bin ich plötzlich ganz nah dran an diesen Menschen, an ihrem Alltag und ihren Sorgen.

Sowohl Vasa als auch Skansen kosten Eintritt, und das nicht zu knapp. Falls man die Möglichkeit hat, sollte man wirklich beide sehen. Am besten sollte man die Tickets vorbestellen, die Schlangen an den Kassen sind abartig. Falls man nur Geld oder Zeit für eines hat, entscheidet es sich an zwei Fragen: Wie ist das Wetter? Und: Hat man kleine Kinder?

Wenn das Wetter gut ist, und man kleine Kinder dabei hat, sollte man die Vasa schweren Herzens liegen lassen oder für einen späteren Besuch vormerken, nach Stockholm kommen die meisten nicht nur einmal, und stattdessen nach Skansen gehen.

Skansen ist das große Freilichtmuseum von Stockholm. Wer nicht weiß, was das ist (ich wusste es nicht): Ein Freilichtmuseum ist ein Museum, das sich unter freiem Himmel befindet, quasi eine Mischung zwischen Museum und Park. Das Museum wurde 1891 eingerichtet, um den Stockholmern zu zeigen, wie ihr Land eigentlich aussieht. Dafür wurden im ganzen Land Gebäude eingesammelt, nach Stockholm geschippert und hier originalgetreu wieder aufgebaut. Das Ergebnis ist ein buntes Durcheinander verschiedenster Epochen und Baustile, ein Gründerzeithaus neben einer jämtländischen Kate, neben einem smaländischen Gut, neben einem hölzernen Glockenturm. Anders ausgedrückt: nirgends in Schweden sieht es so aus wie in Skansen, aber es ist witzig, bei einer Rundreise die Häuser wiederzuerkennen, und falls man nur eine Städtereise macht, bekommt man in Skansen den besten Eindruck, wie es in Schweden aussieht.

Oder mal ausgesehen hat, denn die Häuser sind in der Tradition ihrer Zeit eingerichtet, inklusive in Trachten gekleideten Schweden, die ihrem Handwerk nachgehen, oder den Touristen ihr Leben erklären.

Katrin studiert Architektur, und so bekomme ich am folgenden Tag meine ganz eigene Tour von Skansen. Das ist für mich immer das Spannendste: dass meine Gäste ihre eigene Vergangenheit und ihren eigenen Hintergrund mitbringen, und ich den Park entsprechend immer unterschiedlich erleben darf. Und ich selbst habe natürlich auch meine Lieblinge. Mit sanfter Überredung bugsiere ich Katrin in den hinteren Teil des Parks, meinen Teil. Ich bin Biogeograf, mich interessieren die Pflanzen und Tiere Schwedens am meisten. Und in Skansen leben nicht nur Bauernhöfe aller Epochen, auch eine Auswahl der typischen Tiere tummelt sich hier in einem kleinen Zoo. Bären, Rentiere, Wölfe und, selbstverständlich, Elche! Die meisten Touristen sehen ihren ersten Elch Schwedens nicht in freier Wildbahn, sondern hier, in Skansen.

Katrin ist hin und weg von den streitenden Vielfraßen, und danach dann gleich noch mal, als ich sie zur Bäckerei führe. Leider ist das Essen in beiden Museen eher unterirdisch, aber die Gebäckstücke in Skansen sind köstlich. Wir vernichten jeder zwei Stück und kehren noch einmal zurück, weil die örtlichen Eichhörnchen uns die Hälfte weggefressen haben. Versucht ihr mal, den niedlichen bettelnden Eichhörnchen zu widerstehen! Mit der Fähre geht es zurück. Schweigend stehen wir vorne und sehen die Gamla Stan auf uns zukommen. Vom Wasser aus haben wir den schönsten Ausblick auf die Stadt.

„Und was machen wir morgen?“, fragt Katrin.

„Weltherrschaft an uns reißen“, antworte ich.

„Gute Idee.“ Sie zögert. „Denkst du, wir bekommen die Vasa dafür?“

# 24 OFFLINE

Als ich dienstags schwer gespannt nach Hause komme, wir bekommen diese Woche neue Fenster, begrüßen mich nicht nur nagelneue, dreifach verglaste Scheiben, sondern auch ein rot leuchtender Router. Unser Internet funktioniert nicht mehr. Sofort rufe ich den besten Mann der Welt an.

„Das Internet geht nicht."

*klappern im Hintergrund*

„Doch!"

„Ich meine, zuhause."

„Hast du den Router neu gestartet?"

„Ja, klar, bringt nichts."

„Ich schau es mir an, wenn ich heimkomme."

Martin legt auf. Ich starre noch eine ganze Weile auf den Bildschirm und den Schriftzug: „Kann nicht mit dem Internet verbinden". Dann verkrieche ich mich mit einem Buch ins Bett.

Es ist unglaublich, wie sehr das World Wide Web unser aller Leben verändert hat. Was ursprünglich als Austauschplattform für Universität oder Militär konzipiert war – ich weiß nicht, welche Geschichte jetzt wahr ist, und ich kann es nicht überprüfen, weil: kein Internet, ist zu dem Medium der modernen Welt avanciert. Internet ist wichtiger als Fernsehen, als Radio, als CD-Player. Sogar als Zeitungen, die ja immerhin jahrhundertelang erste Informationsquelle, waren.

Unter den technikverrückten Völkern wirken die Schweden, nun, besonders verrückt. Im Sommer fahren sie in ihre Sommerhäuser, ohne fließend Wasser und mit Plumpsklo. Aber der Laptop muss mit, natürlich mit einem kleinen Stick an der Seite, der ihnen ungestörten Internetgenuss verspricht. Als es in Deutschland noch modern war, über internetfähige Handys zu lästern, sah man in den Stockholmer U-Bahnen bereits Leute auf ihren Handys Mails schreiben, Youtube-Videos sehen oder Tickets buchen. Die meisten Leute, die ich auf Partys treffe, sind IT-Guys und Informatiker (auch die Frauen). Schwedische Universitäten bieten mit die beste IT-Ausbildung überhaupt, und kaum überraschend liegt Schweden auf einem der Top-Plätze, was Entwicklung und Innovation im IT-Bereich angeht. Ich glaube, Schweden war Platz drei hinter USA und Indien, und Deutschland lag so um den zehnten Platz, ich kann es leider nicht nachprüfen, weil: kein Internet.

Man kann in Schweden auch so ziemlich alles online machen: Dokumente bestellen, Steuererklärung, Arzttermin.

Die Internetanbieter reagieren auf die Wünsche ihrer Kunden und bieten extrem schnelle Verbindungen an. Die Preise liegen im selben Bereich wie in Deutschland. 40-60 Euro, aber für Verbindungen, die dreimal so schnell sind. Einen (legal) im Internet aufgenommenen Spielfilm von 1 GB Größe lade ich in einer Stunde herunter. Im Gegensatz zu den lahmen DSL-Enten ist unsere Verbindung ein Ferrari. Normalerweise. Derzeit leuchtet er zwar rot, tut sonst aber nichts.

Ich erwache, als mein Liebster heimkommt. Er ist IT-Guy. Trotzdem, er weiß nicht weiter. Es ist zehn vor zehn, der Support von Bredbandbolaget hat bis zehn geöffnet. Wir suchen auf deren Webseite die Nummer heraus, Gott sei Dank funktioniert mein Androidhandy noch. Fünf vor zehn. Wählen, eine Ansage kommt von Band, Kundennummer eingeben, Art des Anliegens wählen, fünf mal Zahlen eintippen, jedes Mal springt die Tastensperre wieder rein. Drei vor zehn! Vertippt, noch mal neu wählen! Wieder die Tastensperre! Ich fühle mich wie in diesem Alptraum, wo man auf einer nach unten fahrenden Rolltreppe rennt und rennt und man kommt nicht weg, und unten an der Treppe wartet ein Krokodil mit geöffnetem Maul. Tastensperre, fluchen, neu, verdrückt, noch mal! Endlich wird abgehoben! „Derzeit ist unser Dienst nicht besetzt. Unsere Öffnungszeiten sind von 7-22 Uhr“. Es ist eine Minute nach zehn!

Am nächsten Morgen erwache ich mit dicken Augen und schwerem Kopf. Die ganze Nacht hab ich von surfenden Krokodilen geträumt. Die Erkältung, die mich am Wochenende davor niedergestreckt hat, ist zurück. Eigentlich gehöre ich ins Bett. Ich beschließe, dass eine kleine Erkältung mich nicht von der Arbeit abhält, und mache mich pflichtbewusst auf den Weg. Dienst ist Dienst! Außerdem funktioniert auf der Arbeit das Internet.

Daheim immer noch nicht. Abends schleiche ich um meinen Rechner. Ich könnte andere Sachen machen, Blog schreiben, anderes schreiben, aber alles fühlt sich irgendwo sinnlos an. Egal was ich mache, dauernd kehren meine Gedanken zum Internet zurück. Anscheinend bin ich internetsüchtig! Davon hört man ja sehr viel, dass man vereinsamt, völlig abhängig wird und nicht mehr lebensfähig ist ohne die Onlineleitung! Ich höre mich selbst jammern: „Will nicht Film gucken,

Nachrichten, Musik, will mein Internet!“

Nicht mal mein Buch vermag mich abzulenken. Der Abend zieht sich wie Kaugummi. Mir war nie klar, wie oft ich mit diesem blöden Internet einfach nur Zeit totgeschlagen habe. So kann es nicht weiter gehen! Ich beschließe, mich ab jetzt vom Internet unabhängig zu machen. Ich stelle einen Plan auf, auf Papier, wenn schon, denn schon. Banküberweisung: Zur Bank kann ich nur mittwochs abends, weil die nur da lang genug aufhaben. Das kann ich erst nächste Woche erledigen. Bücher verlängern? In der Bücherei kann ich auch anrufen. Da suche ich morgen auf Arbeit die Nummer heraus. Die Flüge kann ich eh erst buchen, wenn mein Chef den Urlaub genehmigt hat … Am Schluss liegen drei dicht beschriebene Blätter vor mir. Wenn ich jeden Tag etwas mache, bin ich bis Ende nächster Woche mit allem fertig. Das ist kein Problem. So habe ich es früher schließlich auch gemacht.

Ich erinnere mich noch an die Zeit vor dem Internet. In technischer Zeitrechnung bin ich so etwas zwischen einem Dinosaurier und einem Mammut. Ich habe das Internet früher nicht gebraucht, warum also jetzt? Alles nur Werbung und abhängig machen, damit man zum dummen Konsumenten wird. Aber nicht mit mir! Ab jetzt nutze ich das Netz nur noch, wenn es sein muss!

Meine Vorsätze zerbröseln wie Kekse beim Krümelmonster, als ich am nächsten Abend von der Arbeit komme. Grüne Lichter springen über den Router wie fröhliche Lachse in schwedischen Flüssen. Mit einem Freudenschrei stürze ich an den Computer. Verlängere Bücher, lese Nachrichten, chatte mit einem Freund in Amsterdam. So bewege ich mich im Datenfluss, als … der Router ein unheilvolles Knacken von sich gibt. Wir erstarren: die Figuren auf dem Bildschirm, ich vor dem Rechner, die grünen Lichter auf dem Router. Die grünen Lichter erlöschen, Ferrarirot ist angesagt. Wieder offline! Und natürlich wieder um fünf nach zehn!

Nach dem Rausch kommt der Kater. Am nächsten Tag bereue ich es zutiefst, der Internetsucht wieder verfallen zu sein. Ich gelobe Besserung und greife mir meine Zettel, um den Plan zu aktualisieren. Und staune.

Mehr als die Hälfte der Punkte kann ich abhaken. Besorgungen, für die ich zwei Tage gebraucht hätte, habe ich online in zwei Stunden erledigt. Ich starre auf meinen zusammengestutzten Plan, und mir wird klar, was für eine großartige Sache das Internet doch ist.

Ich liebe das Internet. Ich liebe es, dass ich hier in Schweden die Dagen Nyheter lesen kann, die FAZ und die Zeit, dass ich CNN und BBC schauen kann, die Tagesschau oder alle drei, vergleichen, wie unterschiedlich die über die gleiche Sache berichten, und mir überlegen, wer Recht hat. Oder haben alle Recht?

Für uns Auswanderer ist das Internet besonders wichtig, weil ein großer Teil unserer sozialen Kontakte über das Internet läuft, wir den Kontakt zu Freunden und Familie auch online halten.

Aber das Internet ist so groß und so vielseitig, dass es sich in alle Bereiche drängen kann. Während dieses Artikels habe ich hundertmal das Internet aufrufen wollen. Viermal hätte ich es gebraucht. Die anderen 96-mal wollte ich schnell was anderes lesen, schauen, was es Neues auf Facebook gibt, kurz mit einem Kumpel quatschen. Mich ablenken, das kann ich gut mit dem Internet. Und da muss ich aufpassen, dass das nicht überhandnimmt. Aber nicht nur uns betrifft das, für jeden Menschen heute ist es eine tägliche Herausforderung, die Balance zu halten, zwischen den riesigen Möglichkeiten des WWW und der Gefahr, von der Information überflutet zu werden.

Als ich gerade diesen Text überarbeite, klingelt mein Posteingang. Ohne, dass ich es gemerkt habe, ist der Router wieder angesprungen. Das Internet ist zurück. Danke, Bredbandsbolaget! Heute Abend werde ich mich im Netz suhlen, lesen, spielen. Aber jetzt schaue ich nur eine Sache nach: wie schwarze Pfifferlinge aussehen. Und dann gehe ich mit meinem Liebsten Pilze sammeln. Das Internet kann warten.

# 25 HEITER BIS WOLKIG

Bill Bryson, ein wunderbarer Autor, und wenn ich tausend Jahre weiterschreibe, werde ich vielleicht halb so gut wie er, hat einmal über ein erstaunliches Phänomen berichtet: Sobald er eine Aussage in einem Artikel machte, wurde diese innerhalb von kürzester Zeit widerlegt. Beispielsweise schrieb er, dass es in seiner Stadt kein Verbrechen gab, und buchstäblich Tage später wurde ein Juwelenhändler überfallen und eine Frau auf offener Straße ausgeraubt.

Das von Bryson beschriebene Phänomen kenne ich auch. Man könnte meinen, sobald man sich in irgendeiner Weise auf eine Aussage festlegt, verabredet sich das Universum mit Murphys Gesetz auf ein Bier. Dann machen die Beiden sich mit vereinten Kräften daran, dein kunstvoll aufgebautes Argumentationskonstrukt auf Streichholzgröße zu zerlegen. Und damit meine ich nicht: „Also Tina, mit der SFI/den U-Bahnen/der Försäkringskassan haben wir ganz andere Erfahrungen gemacht.“ Das ist völlig klar. Ich schreibe hier über mein Schweden, so wie ich es erlebt habe, und je nach Erfahrungen und persönlicher

Biographie kommen Leute zu unterschiedlichen Ergebnissen. Mein SFI-Lehrer war nicht euer SFI-Lehrer, je nachdem, welche Strecke man regelmäßig befahren muss, ist die SL eine Katastrophe und die Försäkringskassan – streicht das, niemand hat jemals gute Erfahrungen mit der Försäkringskassan gesammelt!

Also, das meine ich nicht, sondern, sobald ich schreibe: „In Schweden ist das so und so“, passiert kurze Zeit später genau das Gegenteil.

Beispiel gefällig?

Vor einiger Zeit schrieb ich über die schwedischen Bären, dass diese völlig ungefährlich seien und außer Jägern eigentlich nie irgendjemanden angriffen. Letzte Woche brach ein zwölfjähriger Junge, der mit seinen Freunden Skifahren war, in eine Bärenhöhle ein und die Bärin, wenig erfreut über den ungebetenen Besuch, attackierte den Jungen. Kann man der Bärin ja auch nicht verdenken. Wenn jemand in meinem Schlafzimmer stehen würde, würde ich auch erst mal um mich schlagen. Aber mal ehrlich: Wenn man einen Artikel schreibt, wer denkt denn da an so was?

Das Thema, bei dem das Duo Universum und Murphy zur Hochform auflaufen und meine Theorien eher Sägespän- als Streichholzform annehmen, ist das schwedische Wetter. Vor zwei Wochen schrieb ich: „Es schneit, jetzt kommt der Frühling, das war der letzte Schnee.“ Seitdem hat es viermal geschneit. Die Flocken tanzen herab, und ich meine, ein leises Älläbätsch in der Luft zu hören. Der Schnee bleibt zwar immer nur ein paar Stunden liegen, aber immer wieder ist draußen alles weiß, und erinnert daran – ja woran. Dass der Winter noch nicht ganz geschlagen ist? Wohl eher daran, dass das schwedische Wetter keinerlei Gesetzmäßigkeiten unterliegt, und man es einfach lassen sollte, etwas darüber sagen zu wollen.

Von allen Jobs auf dieser Welt muss Meteorologe

in Stockholm echt der Undankbarste sein. Dabei ist es theoretisch ganz einfach: Stockholm liegt auf dem 39. Breitengrad und damit, wie Deutschland in der gemäßigten Klimazone. Aufgrund der Nähe zum Meer im Allgemeinen und zum Golfstrom im Besonderen ist das Klima ozeanisch-gemäßigt. Das heißt, das das Meer wie ein gigantischer Puffer funktioniert, im Sommer Wärme aufnimmt und die Luft abkühlt, und im Winter Wärme abgibt, und so die Luft aufheizt. Deswegen ist es in Stockholm nicht so heiß, bzw. so kalt, wie es laut Breitengrad sein müsste. Die Julitemperatur in Stockholm liegt im Mittel bei 17,5°, im Februar minus drei Grad. In Moskau, das auf dem 35. Breitengrad, also ein gutes Stück südlicher liegt, sind die Temperatur im Juli 18,4 Grad, im Februar bei -6,7. Während also Ivan im Februar in seiner Stadt nur noch Wodka trinken und frieren kann, kann Erik noch Eisskaten, Angeln und Langlauf betreiben. Und natürlich Wodka trinken.

Ozeanisch, gemäßigt, das hört sich ja alles nicht so an, als wäre die Wettervorhersage so schwer. Aber hier zeigt sich der Unterschied zwischen Klima und Wetter. Das Klima, ozeanisch und so weiter ist einfach mit einigen Sätzen zu umreißen. Wetter dagegen beschreibt die Verhältnisse, die zu einem ganz bestimmten Zeitpunkt an einem ganz bestimmen Ort herrschen. Und um die zu bestimmen, braucht man die besten Wetterprogramme, die klügsten Meteorologen, und im Falle Stockholms die Hilfe des einen oder anderen Wahrsagers.

Ein Beispiel: Ich bin mit einer Freundin zum Einkaufen verabredet. Wir haben ausgemacht, dass wir uns nur treffen, wenn es nicht regnet. Morgens öffne ich die Jalousien und ein Sturzregen begrüßt mich. Schade. Aber dann halt nicht Shoppen. Kaum habe ich mich zum Frühstück hingesetzt, klingelt mein Handy:

„Wo bleibst du?“

„Wir hatten doch gesagt, wir treffen uns nur, wenn es nicht regnet.“

„Aber es hat nicht geregnet.“

Und das ist ganz typisch. Wenn es in Hammarby regnet, kann es in Lappis staubtrocken sein. In Norrmalm wird man gebadet, in Södermalm flanieren die Leute auf den Straßen und fragen, wann es endlich mal wieder regnet. Das liegt natürlich vor allem an der Nähe des Wassers. Man weiß nie genau, wo die Wolken abregnen werden, oder ob der Wind sie auf das Meer hinaustreibt.

Und so ist es grundsätzlich. Schnee im September? Minusgrade im Juni? Einen Monat ohne Regen? Nichts ist unmöglich.

Derzeit sind die Wolken leider gekommen, um zu bleiben. In der Luft hängt ein diesiger Regenfilm, der Himmel ist eine einzige graue Fläche, nirgendwo zeigt sich eine freie Stelle, oder gar die Sonne. Nicht mal eine Wolke sticht besonders hervor. Als hätte ein Sechsjähriger den Himmel grau gemalt. Es ist das typisch schwedische Frühjahrswetter, das unter Umständen bis zu einer Woche anhält. Und es ist völlig ausgeschlossen, dass sich in der Zwischenzeit die Sonne wieder sehen lässt. Hört Ihr, Universum, Murphy: völlig ausgeschlossen!

Ein sehr trauriger Nachtrag zu der Geschichte mit den Bären: Nachdem sich der Junge aus der Bärenhöhle befreit hat, flüchtete auch die Bärin und ließ ihre Jungen zurück. Diese mussten nach einigen Tagen eingeschläfert werden, als die Bärin nicht zurückkam. Was zeigt, dass bei einer Begegnung Mensch-Bär die Bären immer die Angeschmierten sind.

# 26 SCHWEDENTOUR

Im Sommer 2011 machen wir uns auf große Fahrt mit dem Zelt einmal quer durch Schweden. Schon Wochen vorher träume ich von leckerem Lachs und Rentier, von Baden in warmen Seen, Elchen, die unseren Weg kreuzen, wunderbaren Wandertouren, Körben voller Pfifferlingen und Steinpilzen, kurz, die gesamte Palette Schwedenklischees zieht durch mein leicht rosarotes Gehirn. Schweden ist ja auch wie geschaffen für einen Roadtrip. Das Land ist geradezu vollgestopft mit Holzkirchen, Runensteinen und Idylle. Man fährt durch dunkle Wälder, an klaren Seen vorbei, durch winzige, vielleicht aus zehn Häusern bestehenden Dörfern. Das schwedische Allemannsrätt erlaubt zudem, überall das Zelt aufzubauen, solange man niemanden stört, so dass man die unmittelbare Natur rund um die Uhr erleben kann.

Einen Trip zu planen, Reiseführer zu wälzen, die Vorfreude, was man alles sehen kann, wenn man möchte, macht mir beinahe so viel Spaß wie das Reisen selbst. Eigentlich sogar mehr, weil ich mich dafür nicht aus meinem Stuhl zu bewegen brauche. Das ist ein

Grund, warum ich früher Karl May-Bücher verschlungen habe. Für unseren Urlaub schleppe ich einen Rucksack Reiseführer aus der Bücherei nach Hause, die ich schnell mit bunten Lesezeichen fülle. Dann sehe ich mir das Ganze auf der Karte genauer an, und muss noch mal neu planen.

Wusstet ihr, dass Schweden groß ist, ein gutes Stück größer als Deutschland? In dem Zeitfenster, das wir und unsere Arbeitgeber gesteckt haben, könnten wir das vielleicht sogar schaffen, aber ganz ehrlich: Wir sind in Urlaub, nicht auf der Flucht. Wir beschließen, uns auf den Mittelteil Schwedens zu konzentrieren, und Lappland sowie Südschweden für einen späteren Trip aufzusparen.

Aber was anschauen? Das ist gar nicht so einfach. Die meisten Reiseführer legen nämlich das Hauptgewicht auf die Städte, und in Schweden konzentrieren sich die Städte auf den Süden, während weiter nördlich nur noch einige Kleinstädte existieren und die Gegend drum herum wie leergefegt wirkt. Außerdem wollen wir keine Städte sehen, sondern besagte Seen, Gegend und Holzkirchen. Bei einem weiteren Trip in die Bücherei finde ich tatsächlich einen Reiseführer, der das alles hat, plus Karten der schönsten Strecken, Fotos, Zeichnungen, Übersichten und all die Kleinigkeiten, die das Kind in mir liebt. Das Buch wiegt über zwei Kilo und ist über 500 Seiten dick. Mit meinen Post-Its wird es dann noch mal einen Zentimeter dicker. Aber es lohnt sich. Wir schleppen das Buch wirklich überall hin mit. Nach dem Urlaub werde ich beschließen, dass ich wirklich einen E-Book-Reader brauche.

*Morgen fahren wir los. Die Wohnung sieht aus wie ein Schlachtfeld. Zelt, Schlafsäcke, Kochzeug, der Wasserkanister ... der sieht langweilig aus. Da muss ich gleich was dagegen machen. Augen aufgemalt, einen*

*Schnurrbart über den Hahn. So sieht Mister Kanister doch gleich viel freundlicher aus. Was noch? Kleider, Toilettenbeutel, Hausapotheke, haben alles gekriegt, sogar dieses entsetzlich stinkende Mückenabwehrzeug. Das kriegt man nur in Schweden, anderswo in Europa ist das verboten ... Mist, ich hab die Durchfalltabletten vergessen. Egal, wir haben ja ein Auto. Falls wir welche brauchen, kaufen wir sie einfach unterwegs. Reiseführer, Straßenatlas, Reiseroute. Morgen fahren wir zum Vännarsee, dann nach Dalarna zum Fulufjället Nationalpark, nach Norden jenseits vom Storsjö, nach Västergotland, wo wir in 10 Tagen zu Erics Hochzeit erwartet werden, und dann an der Ostküste über die Höga Kusten zurück nach Stockholm. Alles geplant, alles gepackt. Es kann losgehen!*

*Värmland, Vännernsee, und vierzig Raben*

Das Auto ist winzig, aber nagelneu, 2,5 Kilometer auf dem Tacho. Der Autovermieter lächelt, als er uns den Schlüssel übergibt. Hätte er gewusst, was auf das arme Ding zukommt, wäre ihm das vergangen.

Sobald wir Stockholm hinter uns lassen, nimmt die Autodichte schlagartig ab. Felder und Wälder ziehen am Autofenster vorbei. Ich entspanne mich, alles ist wunderbar. Neben mir mein Liebster, der Kofferraum ist voll mit der Zeltausrüstung, Mister Kanister und unseren Kleidern. In einer Ecke steht unser kleiner Handkoffer, den Martin immer mit auf seine Geschäftsreisen nimmt. Darin liegen, säuberlich zusammengelegt, unsere guten Sachen. In zehn Tagen müssen wir in Umea auf Erics und Sofias Hochzeit sein. Im Radio läuft Nickelback. Nicht einmal das kann mir die Stimmung vermiesen. Wir fahren nach Westen, dem Ufer des Mälarsees folgend. Eigentlich wollten wir ja direkt nach Norden, aber ich habe gehört, in Värmland soll es besonders viele Elche geben. Und ich will endlich Elche sehen! Sonst beschwere ich mich beim König!

Mittagspause machen wir in einer Kleinstadt am Mälarsee, die irgendwas mit köping heißt. Hier heißen fast alle Orte was mit Köping. Auf dem Marktplatz streiten sich einige Raben um die Essensreste. Denen schmeckt es. Uns nicht. Der Rabe auf dem Brunnen neben uns mustert uns mit Kennerblick: Wann wird der Abscheu den Hunger übertrumpfen? Ich werfe ihm eine Fritte zu. Elegant fängt er sie im Flug … zwei Raben landen. Hat sich der Vogel vermehrt? Das probiere ich gleich noch mal. Eine Fritte, zwei Tiere hoch … vier landen. Eine Minute später sind wir von vierzig Tieren umringt, die jede unserer Bewegungen verfolgen. Die Vögel strahlen echte Intelligenz aus. Als Martin so tut, als würde er etwas werfen, aber es in der Hand behält, der älteste Witz in Verbindung mit Tieren, bleiben die Raben stocksteif sitzen, mit dem Ausdruck: „Freund, probier´ das noch einmal und du fängst eine."

Als kleines Kind habe ich Hitchcocks ‚Die Vögel' heimlich hinter der Couch mitgeschaut, und diese Blicke gefallen mir gar nicht. Mit leicht mulmigem Gefühl stehen wir auf. Die Raben treten zur Seite. In Schweden sind sogar die bettelnden Raben höflich! Wir überlassen unsere Reste den Vögeln, die offensichtlich einen härteren Magen haben als wir, und fahren weiter.

Bisher war das Wetter wunderschön, aber nun ziehen Wolken auf, und als wir in Karlstad ankommen, beginnt es, zu regnen, nein, zu schütten. Das Barometer fällt so schnell wie meine Laune. Der Regen läuft mir in die Kleider, in die Jacke, in den Ausschnitt. Karlstad soll eine wunderschöne Stadt sein. Ich habe davon leider nicht viel gesehen und meine einzige Erinnerung besteht aus einem heißen, mit Karamellsirup, Zimt und Kardamom gewürzten Kaffee, der wie ein afrikanischer Strom in meinen Magen fließt, und meine nassen Glieder erwärmt. Dann schließt das Café und wir müssen zurück in den Regen.

Südlich der Stadt liegt der Vänern, der größte See Schwedens. Dort wollen wir unser Zelt aufschlagen, auf der Halbinsel Hammerö, berühmt für seinen Leuchtturm und seine Vögel und andere fliegende Geschöpfe, aber dazu gleich mehr. Der Vänern ist wirklich riesig, gleicht eher einem Meer als einem See. Möwen zirkeln über dem Wasser, jeden Kniff ihrer Kunst nutzend, um nicht von den Böen gepackt und in die Fluten geworfen zu werden. Der Wind hat das Wasser aufgebäumt und schäumend peitscht es gegen die weißen Felsen, wie die Meeresbrandung, jene Naturgewalt, die ich als Kind geliebt habe, und die ich an der zahmen Ostsee Stockholms so schmerzlich vermisse. Der Vänern und ich, es ist Liebe auf den ersten Blick. Ich bin völlig durchnässt, und eine Minute vorher war ich noch wild entschlossen, diesen Tag zu hassen. Nun tanze ich im Takt der ewigen Wellen, springe in hohen Bögen über die weißen Felsen, lache die Brandung aus, die mir ins Gesicht spritzt. Noch nasser kann ich schließlich nicht werden.

Nach meinem Regentanz wird es Zeit, sich einen Platz zum Zelten zu suchen. Das Wetter lädt nicht dazu ein, aber von dem werden wir uns nicht am ersten Tag einschüchtern lassen. Der Boden ist übersät mit spitzen Felsen und Blaubeersträuchern, die wie der Name sagt, Sträucher sind und entsprechend holzig und spitz. Keine Chance, auf diesem Untergrund einen Platz für ein Zelt zu finden. Also übernachten wir stattdessen in einem Schutzhaus.

Die Holzhütte ist eigentlich nur ein Unterstand, an drei Seiten geschlossen, während die vierte Seite ungeschützt offen liegt. Nicht ideal, aber mit herrlichem Blick aufs Wasser. Am Parkplatz gab es einen Vorrat an Feuerholz, wohl, damit die Touristen nicht anfangen, den Wald abzuholzen. Dahin geht Martin, während ich versuche, das Feuer in Gang zu bringen. Als Saarländer habe ich das natürliche Talent, in jeder Situation ein Feuer entzünden zu können. Zwar regnet es nicht mehr, aber selbst für mich ist es eine Herausforderung, mit den klammen Zeitungen, die in dem Unterstand herumliegen. Zuletzt lege ich mich flach auf den Boden und kratze alle Blatt- und Reisigreste zusammen. Mit deren Hilfe brennt das Feuer zuletzt. Nach dem Essen sitzen wir da und genießen den Sonnenuntergang – dafür hat sich der Himmel tatsächlich kurz aufgeklart. Wir schlüpfen in unsere Schlafsäcke, ein leiser Wind streicht über den Platz und das Wasser des Vänern, das sich mittlerweile wieder beruhigt hat. Das Feuer glimmt noch einmal rot auf und erlischt. Dann kommen die Moskitos.

Man liest ja viel über die schwedischen Stechmücken und vieles ist übertrieben. Es sind schließlich schwedische Stechmücken, und die sind, ihr ahnt es schon, höflich. Sie stechen nicht durch den Schlafsack, oder wenn man Mückenabwehr aufgetragen hat. Nein, sie warten, bis aus dem Schlafsack ein Millimeter Fleisch rauslugt, oder die Mückenabwehr nachlässt. Dann stechen sie! Eine Einladung bedeuten ebenfalls nicht vom Mückenschutz bedeckte Teile wie Augenlider, Öffnungen im Schlafsack (reinfliegen und zubeißen!) oder Hände, die sich am Schlafsack festkrallen.

Es ist drei Uhr, und ich habe immer noch kein Auge zugemacht. Draußen pladdert der Regen. Es hat ja auch schon lang nicht mehr geregnet! Wenigstens haben wir es trocken, und bei dem Wetter werden sich die Moskitos bestimmt irgendwo verkriechen, denk ich. Und der Regen läuft durchs Dach und mir direkt in den Nacken. Die Moskitos haben tatsächlich Unterschlupf gesucht – in unserer Hütte, und was sind die froh, in ihrer Zuflucht auch noch zwei Touristen zu finden, die auf einen Imbiss vorbei gekommen sind! Martin schläft derweil weiter. Die Moskitos lassen ihn in Ruhe. Warum Martin wählen, wenn man heute Tina essen kann?

Ich kauere mich zusammen auf einem Fleck von vierzig mal vierzig Zentimeter, der einzig trockene Platz im Unterstand, und vergrabe mich in meinem Schlafsack. Ein Atemloch lasse ich offen. So müssen sich im Packeis eingeschlossene Wale fühlen. Nur bei denen kommen keine Stechmücken durchgeflogen und direkt in die Nase. Endlich ist es hell genug. Ich wecke Martin und wir stolpern zurück zu unserem Auto. Das Sirren der Stechmücken klingt enttäuscht. Die haben wohl gehofft, wir würden noch zum Frühstück bleiben.

*Klarälven*

Ich sitze vor unserem Zelt am Ufer des Klarälven. Martin steht unten am Fluss und spült Geschirr. Der Klarälf ist das Faultier unter den schwedischen Flüssen. Als einer der Töpfe von der Strömung gepackt beginnt, abzutreiben, sprich: flussabwärts zu schleichen, trinkt Martin seinen Tee aus, spült die Tasse aus, trocknet sie ab, legt sie in Gras hinter sich und greift dann nach dem Topf. Ganz langsam!

Wir befinden uns auf einem halboffiziellen Campingplatz. Er wird nicht bewirtschaftet und kostet auch nichts, aber die Gemeinde achtet darauf, dass der Platz sauber bleibt und nichts passiert. Sogar eine Toilette steht hier, ein hölzernes Plumpsklo wie aus einer schlechten Heimatkomödie der dreißiger Jahre. Diese Plumpsklos gibt es überall in Schweden (und ich habe jedes einzelne kennen gelernt, aber davon später.) Sie bestehen aus einer hölzernen Kabine und einem Sitz über einem Loch. Im Herbst wird das gesamte Häuschen weggehoben und das Loch zugeschüttet. Im Frühjahr wird dann ein neues Loch gegraben und das Haus darauf gestellt.

Früher wurde der Klarälf vor allem von

Holzschiffern genutzt, die die mächtigen Holzstämme den Fluss hinunter treiben ließen. Wir machen den Weg in die andere Richtung. Den ganzen Tag lang sind wir dem Lauf des Klarälf gefolgt, auf einer der schönsten Strecken Mittelschwedens. Wir haben uns dem Tempo des Flusses angepasst. Besonders schnell fahren kann man auf diesen Straßen nämlich nicht. Aber wer will das schon? Lieber bleibt man stehen und bewundert eine Runde den Fluss: ultimative Entspannung!

Der Klarälf hier am Campingplatz sieht aus wie ein alter beschaulicher Flussgroßvater. Aber er kann auch anders. Im Frühjahr tritt der Fluss über seine Ufer, wobei er an seinen Rändern Sand aufhäuft und so verhindert, dass sich in Flussnähe Kiefern und Tannen ansiedeln. Die mögen es nämlich lieber trocken und bleiben solchen Überflutungsgebieten fern. Deswegen gibt es hier eine richtige Aue, mit Gras, Weiden – und uns.

Wir mögen es auch lieber trocken, da habe ich heute allerdings kein Glück gehabt. Den ganzen Tag hat es geregnet, wir haben das Zelt in einer Regenpause aufgebaut, und noch während wir die Erdnägel einschlagen, plätschern schon wieder die ersten Tropfen aufs Dach.

Da machen wir es uns lieber im Innern des Zelts gemütlich und schauen unsere Fotos durch.

Das war ein ereignisreicher Tag. Etwas weiter flussabwärts wird der Klarälf richtig temperamentvoll und leistet sich in Munkfors sogar einen richtigen Wasserfall. Da waren wir heute auch, uns die alten Industriegelände angesehen, die ihre Energie aus dem Wasserfall gewannen. Wir schießen aber nur schnell Fotos vom Wasserfall und von einem Backsteingebäude mit Türmchen, das wir für die alte Kirche halten, das sich aber als die Feuerwehrstation entpuppt, dann fliehen wir wieder ins Auto. Das sieht man leider den Bildern an. Sie sind verwaschen und verschwommen.

Dafür ist das nächste Motiv umso gelungener. Aus dem Regenschleier erheben sich vor uns die Berge der kaledonischen Gebirgskette, die sich wie eine Wirbelsäule an der Grenze zwischen Norwegen und Schweden über die skandinavische Halbinsel zieht. Die Berge sind kaum zu erkennen. Dichte Nebelschwaden liegen in den Tälern und schwappen auch auf die Höhen und einmal mehr verstehe ich, warum die schwedische Sagenwelt so vielfältig und reich bevölkert ist. In diesen Nebeln muss etwas Dunkles und Mysteriöses leben. Wir kommen an einem Ortsschild vorbei. Die auftauchenden Häuser sehen aus wie aus dem Schwarzwald geklaut. Ekshärad, sagt unser allwissender Reiseführer, ist berühmt für seinen Friedhof, auf dem keine Kreuze stehen, sondern eiserne Lebensbäume. Diese geschmiedeten Kunstwerke, von ansässigen Handwerkern geschaffen, sehen eindrucksvoll aus mit ihren massiven Querstreben und den filigranen Laubblättern. Trotzdem besuchen wir erst die Kirche. Da drin ist es trocken.

Nach wie vor bestehen die meisten Gebäude Schwedens aus Holz. Das mag wunderlich wirken, schließlich liegt der Granit ja überall herum. Der ist aber extrem schwer zu bearbeiten, und so war und ist Holz das Baumaterial erster Wahl. Wir die meisten alten Kirchen Schwedens ist auch die von Ekshärad in einer ganz speziellen Art gebaut, wie ich es bisher nur hier in Schweden gesehen habe: Viereckige Hölzer werden beidseitig angespitzt wie Pflöcke, dann wie Schindeln übereinander angebracht und mit rotbrauner Schutzfarbe bestrichen. Von weitem sieht so eine Kirche wie ein gigantischer Tannenzapfen aus. Übrigens: Wer Schweden nur für einen Wochenendtrip besucht: Im Freilichtmuseum Skansen in Stockholm gibt es auch so einen Glockenturm.

Alles in allem ein guter Tag. So viele Eindrücke, so

viel Neues! Wenn nur der Regen endlich aufhören würde! … Aber das wird schon. Morgen wollen wir weiter zum Fulufjället Nationalpark. Das klingt doch ganz gut. Es klingt vor allem nach der Möglichkeit auf einen Elch …

*Dunkle Wälder, lichte Höhen – Fulufjället Nationalpark*

Was macht Schweden eigentlich mit seiner riesigen Fläche, wenn da so wenig Leute wohnen? Nationalparks! Schweden hat 29 Nationalparks, und wir sind im jüngsten, dem Fulufjället-Nationalpark in Dalarna angelangt. Hier rauscht der Njupkärrsfall, der höchste Wasserfall Schwedens, zu Tal, der angeblich älteste Baum der Welt befindet sich hier. Außerdem steht in unserem Reiseführer, dass man gute Chancen auf eine Elchsichtung hat. Grund genug für mich alten Biogeographen, den Fulufjället auf die Reiseroute zu setzen.

Wir sind am Vorabend eingetroffen, im Regen, versteht sich, und haben unser Zelt am Flussufer außerhalb der Nationalparkgrenzen aufgeschlagen. Während wir kochen, lässt der Regen nach, und die allabendliche Mückenplage setzt ein. Ich habe noch ein anderes Problem: Seit drei Tagen habe ich mich nicht mehr gewaschen und so langsam wird es widerlich. Ich hatte vor, jeden Tag in einem See schwimmen zu gehen, aber dafür war es bisher einfach zu kalt und zu nass. Im Besucherzentrum des Nationalparks erkundigen wir uns nach dem ältesten Baum. Nein, wird uns beschieden, sie könnten uns nicht erklären, wo der Baum steht. Aber um elf gäb es eine Führung dahin. Wir beschließen, uns in der Zwischenzeit den Wasserfall anzusehen.

Da sind wir nicht die Einzigen. Der Park ist gut besucht, und immer mehr Leute treffen ein. Nach der Einsamkeit der letzten Tage stresst mich der Trubel. Aber wir wollen den Wasserfall sehen. Der Weg dorthin führt über einen Holzweg, der sich zwischen einer Moorlandschaft entlang schlängelt. Der Boden ist bedeckt mit Moos. Vereinzelt stehen Bäume dazwischen, die sich gegen das ständig feuchte Milieu zur Wehr setzen. Dann kommen wir in den Wald und an einem Bach vorbei. Zum ersten Mal auf unserem Trip haben wir perfektes Wetter. Die Sonne beleuchtet das dunkle Grün des Moores, die braunen Kiefernstämme, das blitzende Wasser. Leider können wir nicht zu lange stehen bleiben. Ein schnelles Foto, und schon treibt die touristische Hammelherde uns weiter. Das nervt! Schon von weitem hören wir das Donnern des Wasserfalls, und eine Biege weiter kommt er in Sicht. Vor uns stürzt das schäumende Band des Njupkärsfall von den Bergen senkrecht 90 Meter in die Tiefe. Ich versuche, ein Foto zu machen, aber der Fall entzieht sich mir. Die Luft ist diesig, ich habe den falschen Winkel. Fotos schießend gehen wir näher. Über 70 Fotos habe ich später auf dem Apparat, davon drei Brauchbare.

Eine halbe Stunde und ein absolut nicht empfehlenswertes Mittagessen im Parkrestaurant später ist es dann Zeit für unsere Führung zum Baum. Unser Führer ist ein deutscher Landschaftsplanerstudent aus Bayern. Was für ein grandioser Zufall!

Zunächst nehmen wir wieder den Weg zum Wasserfall. Dann folgen wir einem harmlos aussehenden Schild, vier Kilometer Rundweg um den Fall'. Schlagartig nimmt die Anzahl der Leute um uns ab. Eine Viertelstunde später sind wir allein. Unser Führer erklärt, dass 95% aller Besucher den Weg zum Wasserfall machen, aber nur 5% den großen Rundweg. Und ich weiß, warum! Unglaublich, was Schweden so als Weg bezeichnen! Auf allen Vieren klettern wir bergan über das Schotterfeld, nur durch Markierungen kann man den ‚Weg' von der Umgebung unterscheiden. Wir sind Touristen, keine Bergziegen! Die Bäume um uns werden kleiner und hören schließlich ganz auf. Dann sind wir oben. Nach dem mörderischen Aufstieg sind wir auf dem Plateau des Fjälls angelangt. Auf der einen Seite liegt das Tal, aus dem wir gerade hinaufgestiegen sind. Auf der anderen Seite breitet sich eine weite, fremdartige Ebene aus.

Nach einer kurzen Atempause folgen wir dem Bayern durch diese seltsame Welt. Die weißen Rentierflechten zerbröseln wie alte poröse Schaumstoffmatratzen unter meinen schweren Stiefeln. Zwischen den Flechten wachsen Birken, kaum höher als meine Knöchel, die sich in dieser feindlichen Welt festkrallen und scheinbar nicht verstehen wollen, was oberhalb der Baumgrenze für sie bedeutet. Ansonsten ist hier alles rosa. Selbst die eisenhaltigen Felsen leuchten in der Farbe des Heidekrauts und es sieht aus, als hätte jemand einen rosa Farbfilter vor eine Kamera gesetzt, und wollte ein Prinzessinnenvideo drehen. Aber an dem Leben hier ist nichts niedlich. Die Pflanzen, die hier oben überleben, müssen die Kälte aushalten, den Wind, der ungebremst über die Ebene peitscht, die Trockenheit des Sommers.

Nach einer weiteren halben Stunde machen wir Pause im mageren Schatten einer verkrüppelten Kiefer. Der mittlere Teil des Baums ist kahl und astlos. In der Krone hält der Baum einige zerzauste Äste in den Wind. Man sagt, dass alte Bäume eine Seele besitzen, viele sogar einen Namen. Diesen würde ich Feuerholz nennen. Unser Guide sieht uns erwartungsvoll an. Nicht wirklich?

Dieses Wrack ist nach derzeitigem Forschungsstand der älteste Baum der Welt! Er erblickte etwa fünf Minuten nach der letzten Eiszeit das Licht der Welt, wuchs zu einem stolzen Baum, trug Frucht und irgendwann fiel er um. So weit so normal! Die Baumwurzeln waren jedoch noch lebendig, und als es denen zu langweilig wurde, schlugen sie erneut aus und wuchsen ein zweites Mal zu einem Baum heran. Und das tut dieser Baum seitdem ungefähr alle vierhundert Jahre. Und weil es immer dasselbe Wurzelwerk ist, und damit dasselbe genetische Material, ist es immer der gleiche Baum, der sich seit 9950 Jahren an dieser Stelle erhebt.

Dies wurde erst vor wenigen Jahren festgestellt, vorher glaubten die Forscher, dass Kiefern erst vor 2000 Jahren nach Skandinavien gekommen seien. Zu diesem Zeitpunkt war Krüppelkiefer hier aber schon etliche Mal gestorben. Und einige Kiefern in den nahegelegenen Tälern wurden auf ein ähnliches Alter datiert. Diese Bäume haben also das Verständnis der Botaniker völlig verändert, was nur wieder beweist, dass wir immer noch nicht alles wissen, und die Forschung jeden Tag neue Erkenntnisse macht.

Zurück laufen wir über den Rand des Fjells, von dem aus wir einen großartigen Ausblick genießen. Seitdem wir das Plateau erreicht haben, sind wir keinem Menschen begegnet, und kommen uns vor wie in einer anderen Welt, bestehend aus Einsamkeit, Trockenheit und weißen Flechten zwischen rosa Felsen. Wie seltsam ist es da, ins Tal zu blicken, und auf den Hauptweg, wo die Menschen wie auf einer Ameisenstraße zum und vom Wasserfall laufen.

Der Aufstieg war hart und schweißtreibend, runter ist mörderisch. Das Wasser ist uns ausgegangen, egal, wie viel Wasser man dabei hat, man hat zu wenig, meine Knie schmerzen und schwellen an, schließlich verwandeln sie sich in harte Knubbel, und ich fragte mich, wie weit ich den Abhang hinabrolle, wenn sie einfach nachgeben. Um mich abzulenken, denke ich mir Geschichten aus: der neue X-Men: Magneto klaut den ältesten Baum der Welt, um unsterblich zu werden (Magneto stürzt sich auf einem Stück Feuerholz den Wasserfall hinab). Aber Genetik funktioniert so nicht, wahrscheinlich würde er enden wie Doktor Buchsbaum aus Darkwing Duck … Magneto Darkwing Buchsbaum, wie albern ich bin! Liegt wahrscheinlich an der Umgebung: rosa Felsen, große Bäume. Große Bäume? Tatsächlich! Vor uns steht ein ausgewachsener Baum. Ohne es zu merken, haben wir die Baumgrenze passiert. Hinter der nächsten Ecke begegnen uns auch wieder die ersten Wanderer. Es scheint so eine Art kombinierte Baum-Menschengrenze zu geben. Und dann, nur zehn Minuten später, sind wir glücklich wieder an unserem Ausgangspunkt angekommen. Wir fragen vorsichtig, was die Führung denn kostet. Nichts, die ist gratis, aber Spenden sind willkommen. Völlig verdattert drücken wir unserem Führer einen Hundertkronenschein in die Hand. Obwohl ich wieder keinen Elch gesehen habe, beschließen wir einhellig, den Tag jetzt ausklingen zu lassen und humpeln zu unserem Auto. Der Weg macht uns Probleme: Asphalt, und das auch noch waagerecht, das sind wir nicht mehr gewohnt.

Bevor wir uns wieder auf den Weg machen, besuche ich eine letzte Attraktion im Nationalpark: die Toiletten. Die haben nämlich sogar fließend Warmwasser in den Spülbecken. Eine Viertelstunde später komme ich pfeifend, grinsend und auffällig gut duftend zurück. Der beste Mann der Welt liegt im Auto und schläft. Vorsichtig wecke ich ihn, aber vorher lasse ich das Shampoo im Toilettenbeutel verschwinden …

### *Die Rache des Pilzes*

Zum ersten Mal auf unserer Reise begrüßt mich der Morgen mit strahlendem Sonnenschein. Ich strecke meinen von der Nacht im Zelt verspannten Körper aus, lasse mit erhobenen Armen den Sonnenschein durch meine Glieder fließen. Wie lange hab ich auf die Sonne gewartet! Nun kann der Urlaub richtig beginnen, Zelturlaub im Sonnenschein. Bevor ich Martin wecke, muss ich noch auf Klo. Nach drei Schritten fange ich an zu rennen, schaffe es gerade noch rechtzeitig. Nach einer Viertelstunde schleppe ich mich aus der Tür und zum Zelt. Ich komme bis drei Schritte heran. Dann spurte ich zurück.

Lag es an dem Stress? Oder dem Pilz, den wir am Vorabend in unsere Suppe geschnippelt hatten? Egal, ich habe Durchfall. Im Fünfminutentakt gluckern und knurren meine Gedärme. Wie ihr euch vielleicht erinnern könnt: Durchfalltabletten sind das Einzige, das in unserer Reiseapotheke fehlt. Also ab zur Apotheke! Der nächste Ort ist vier Kilometer die Straße runter. Aber in dem gibt es keine Apotheke. Die nächste Apotheke ist sage und schreibe 30 Kilometer entfernt! Wenn ihr aus diesem Buch einen Rat, nur einen Rat haben wollt, hier ist er: Fahrt nicht ohne eine komplette Reiseapotheke aufs schwedische Land!

Auf dem Weg zur Apotheke, und eine Stunde danach, bis die Tabletten endlich wirken, halten wir an jeder Raststätte, jedem Plumpsklo und an jedem freundlich aussehenden Busch. Ich liege mit Schmerzen und Übelkeit im Auto, während Martin fährt. Gleichzeitig danke ich meinem Schöpfer, dass wir ein Auto haben, nicht auszudenken, wenn uns das während der Wanderung im Nationalpark passiert wäre. Ich will mich nur noch zusammenrollen und sterben. Aber wir müssen weiter, wir werden morgen Abend in Umea erwartet. Also weiter! Mittags halten wir an einem dieser wunderschönen alten Bauernanwesen, für das diese Gegend bekannt ist. Das Gras ist warm, es duftet nach altem Holz. Es gibt ein Klo.

Gegen Abend kommen wir in Östersund an, wo wir ja auch während unseres Ostertrips Station gemacht haben. Mir ist alles egal, der funkelnde See, die milde Abendluft. Martin fragt, ob wir nicht zelten sollten. Ich antworte mit einem Knurren. Heute Nacht werde ich in einem Bett schlafen und wenn ich persönlich den Besitzer selbigen Bettes mit den Zähnen herauszerren muss! Glücklicherweise wissen wir vom letzten Mal, wo in Östersund die Jugendherberge steht. Unglücklicherweise sind alle Zimmer ausgebucht. Der Rezeptionist präsentiert uns einen Flyer mit Name und Telefonnummern aller Unterkünfte von Östersund, bevor er durch das Fenster flüchtet. Dabei habe ich ihn doch nur gefragt, ob er ein Bett hat.

Müde machen wir uns daran, die Nummern abzutelefonieren. In Schweden ist der Begriff Jugendherberge nicht geschützt. Die Herberge, in der wir landen, ist eine ehemalige Bahnarbeiterunterkunft mit acht Zimmern, direkt an den Schienen. Es gibt keine Rezeption oder jemanden der uns empfangen hätte. Wir haben den Türcode per Telefon erhalten, drinnen hängt unser Zimmerschlüssel, in unserem Zimmer liegt ein Briefumschlag, in dem wir am nächsten Tag das Geld in bar hinterlassen. Niemand hat unsere Personalien überprüft, wir hätten ohne zu zahlen verschwinden können, oder vier andere Leute in unser Sechsbettzimmer einladen können. Ich bin immer wieder tief beeindruckt von diesem Vertrauen der Schweden, das aber nur auf Basis von gegenseitiger Zuverlässigkeit funktioniert.

Was für ein Tag! Ich fühle mich, als hätte ich eine Seuche überlebt. Aber langsam geht es mir besser. Die Pizzaränder, die ich von Martins Teller geklaut hab, scheine ich halbwegs vertragen zu haben. Zumindest hört sich mein Magen nicht mehr so an wie ein laktoseintoleranter Vulkangott, dem man grade einen Gouda geopfert hat. Morgen kommen wir nach Umea. Hoffentlich ist dann alles wieder gut, ich will nicht krank sein auf der Hochzeit.

*Hochzeit in Nordschweden*

Am schönsten Tag dieses Jahres, an dem in ganz Schweden die Sonne scheint und der als der Sommertag selbst im Gedächtnis bleibt, heiraten unsere Freunde in der alten Kirche in Nordmaling. Verwandte, Freunde, sind aus allen Teilen des Landes angereist, es wird musiziert auf Klavier und Saxophon. Die Pfarrerin ermahnt das Brautpaar sehr emanzipiert, auf dem gemeinsamen Lebensweg Freud, Leid, Güter, Lust und Hausarbeit zu teilen. In dem weißen Talar sieht sie aus wie eine übergewichtige Mumie. Vielleicht will sie nicht gegen die Braut konkurrieren, die ja auch weiß trägt. Da besteht keine Gefahr. Sofia überstrahlt uns alle in ihrem weißen armfreien Sommerkleid, atemberaubend schön, und gleichzeitig schlicht. Am nächsten Tag wird sie mit demselben Kleid und Gummistiefeln durch den Garten ihrer Großeltern stapfen.

Die Beiden wechseln Ringe und den Namen. In Schweden gibt es nämlich nicht nur die Möglichkeit, den Namen der Braut oder des Bräutigams anzunehmen, nein, beide können auch einen anderen Namen aus der Familie annehmen. Und so wird aus Herrn Johansson und Frau Larsson das Brautpaar Wallinder.

Nach der Trauung fahren wir in ein altes Gutshaus zum Feiern. Zum Empfang bekommen wir Erdbeerbowle in einem Marmeladenglas! Die Serviererin bemerkt unsere verwirrten Blicke und erklärt, das wäre eine Anspielung auf den typischen schwedischen Sommerurlaub, wo dauernd aus Marmelandengläsern getrunken wird, weil man in den Stugas nie genug normale Gläser hat. Ich glaube, so entstehen Traditionen. In 500 Jahren wird sich der Rest der Welt wundern, warum die komischen Schweden nur aus Marmeladengläsern trinken.

Inzwischen werden schwedische Fahnen verteilt. Wir stehen Spalier, als das Brautpaar einzieht, ein

Fiedler vor ihnen, und gefolgt von tanzenden Kindern. Und dann gibt es Reden. Und es wird gesungen. In Schweden wird sehr viel gesungen, und alle müssen mitsingen. Und dann mehr Reden. Meiner Schätzung nach hat jeder Anwesende mindestens eine Rede gehalten. Keine Chance, sich mit den Tischnachbarn zu unterhalten. Lied! Rede! Lied! Spiel! Rede! Schwedische Hochzeit ist Hardcore!

Das Essen kommt von einer Freundin der Familie, so wie eigentlich jeder hier, der Fiedler, die Serviererinnen, der Fotograf irgendwie mit dem Brautpaar und deren Eltern bekannt sind. Das Essen schmeckt phantastisch, eine Kombination aus traditioneller Küche wie Fischmousse, Elchfleisch und modernen Zutaten wie Granatäpfel und Parmesan. Ausgehungert von den letzten Tagen schlagen Martin und ich zu. Nach dem Essen gibt es mehr Reden, und eine Hochzeitsrallye, und einen Wolkenbruch – gut, dass wir heute nicht zelten müssen! Das Brautpaar ist ständig in Bewegung und übertrifft sich als Gastgeber. Eric, den ich als wortkarg kenne, ist entspannt, gesprächig und total witzig! Sofia strahlt durch den Raum, immer verfolgt von vier bis fünf sehr schwedischen, sehr blonden Kindern, die eine verwandte Seele immer direkt erkennen. Niemand im Raum strahlt wie sie, niemand außer mir! Denn gestern! Gestern …

Unglaublich, was die Schweden als Straße bezeichnen! Wir wollten über einen Nebenweg abkürzen, keine Bundesstraße, aber immer noch rot im Atlas markiert, also Hauptstraße. Nach einem Kilometer hat die Straße einfach aufgehört. Baustelle, und wie es aussieht, auf der gesamten Strecke. Die Asphaltdecke wurde abgetragen, und eine Schicht Schotter aufgeworfen.

Wir holpern hier mit 30 Stundenkilometer entlang. Ich höre den Schutt gegen das Auto schlagen. Der arme

Lack, das arme Auto, die armen Stoßdämpfer! Plötzlich hört der Grus auf, Martin tritt aufs Gas, juhu, endlich geht es weiter. Aber 400 Meter später: Baustellenschild. Der Asphalt hört wieder auf, wieder Schotter. Bremsen, schleichen, Mist! 500 Meter später: Asphalt, Martin tritt vorsichtig aufs Gas, hält Ausschau nach dem nächsten Schild, plötzlich ein Knall. Die Straße hat wieder aufgehört, diesmal hat uns kein Schild gewarnt. Danke, Baustellenleitung!

Und so geht es weiter, Kilometer um Kilometer. Wer kommt überhaupt auf die Idee, eine Straße stückweise zu asphaltieren? Wahrscheinlich hat das was mit dem schwedischen Gleichheitsgedanken zu tun. Nicht mal die Straßenkilometer sollen sich benachteiligt fühlen. Jeder bekommt ein kleines Stück Asphalt? Die Schotterstrecken sind dunkler als die Straße, also halten wir immer aufmerksam Ausschau nach den Farben. Hellgrau, hellgrau, dunkelgrau. „Bremsen", rufe ich. Martin tritt gehorsam auf die Bremse. Dunkelgrau-holper, dunkelgrau-holper, hellgrau. Gas. Hellgrauhellgraubraun. Braun? Da liegt was Braunes neben der Straße, zu groß für ein Reh....

„Brems!", brülle ich aus vollem Hals.

Martin tritt auf die Bremse. „Hier ist doch der Weg gut?"

„Pfeif' auf den Weg! Da lag ein Elch im Gebüsch. Ein richtiger Elch-Elch. Wir müssen zurück, sofort!"

Leider ist der Elch schon in den Wald verschwunden, bis wir zurückkommen. Vielleicht haben den die quietschenden Reifen erschreckt. Aber ich hab meinen ersten freilebenden schwedischen Elch gesehen! Martin glaubt mir allerdings nicht, dass es wirklich ein Elch war, und da ich den Fotoapparat natürlich nicht schussbereit hatte, kann ich es nicht beweisen, oder mit absoluter Sicherheit sagen. Es ist also offiziell ein EventuElch.

*Höga Kusten*

Vor 15.000 Jahren gab es kein Skandinavien, kein Meer, keine Elche. Es gab nur Eis, Eis und nochmal Eis. Die Eiszeit hatte den Norden fest im Griff, und das Land lag unter einem mehrere Kilometer mächtigen Gletscher. Durch das Gewicht wurde Skandinavien regelrecht in den Erdmantel hineingepresst. Als das Eis schmolz, verminderte sich der Druck, der Meeresspiegel stieg an, und das Land begann, sich zu heben. An der Stelle, an der ich gerade stehe, kann man diese Hebung immer noch beobachten. Wir sind an der Höga Kusten, der hohen Küste, die nicht so heißt, weil sie entsetzlich hoch wäre, wie enttäuschte Touristen immer wieder feststellen müssen, sondern, weil sie sich so schnell hebt, bis zu einem Meter in 100 Jahren. Geologisch gesehen rasend schnell. Der Klarälf mag langsam sein, aber verglichen mit Geologen ist der ein Sprinter.

Im Fischerdörfchen Skeppsmalen gibt es einen Informationspfad dazu. Er führt entlang der ehemaligen Küstenlinie und ist ein typisch schwedischer Weg, perfekt geeignet für Kletterer und Gebirgsziegen. Schon die 1950er Linie ist deutlich vom Wasser entfernt. Ab 200 Jahre gerät das Wasser aus dem Blick. Auf unserem Weg kommen wir an verlassenen Hebebühnen vorbei, die einst für das Entladen der Fischerboote genutzt wurden. Sinnlos greifen sie nach Felsen. Das Wasser ist fort.

Wir fahren weiter, der Küstenstraße folgend zum Skuleskogen Nationalpark. Links vom Auto liegt die Ostsee, rechts das Gebirge. Die Gipfel waren einst meeresumspülte Inselchen, nun ragen sie 270 Meter auf. Dahin wollen wir, und heute wollen wir nicht zelten. Wir haben etwas Besseres vor.
In allen Nationalparks Schwedens stehen Schutzhütten zur Übernachtung bereit. Je nach Wünschen und Geldbeutel sind sie von ‚gratis und wenig ausgestattet‘

bis ‚mit allem Komfort‘ zu haben. Freunde haben uns davon erzählt, und heute wollen wir das selbst ausprobieren. Wir erreichen den Nationalpark gegen sechs, packen den Wanderrucksack für den Abend und marschieren los. Wir sind spät dran, es dämmert bereits. Ein Eventuell-Lemming huscht über den Weg. Vielleicht war es auch eine Maus mit Stummelschwanz. Die Umgebung erinnert an den Fulufjället mit dem Unterschied: Hier ist niemand. Auf unserem einstündigen Marsch begegnen wir keinem Menschen. Nur unsere Schritte und die Vögel sind zu hören. Unser Weg führt durch den Wald, hebt und neigt sich sanft. Dann öffnet sich der Blick und wir stehen am Meer. Richtig Meer, mit Strand und so. Eigentlich sollten wir weiter, wir wollen bei Einbruch der Dunkelheit an der Hütte sein. Aber zehn Minuten um den Blick zu genießen, so viel Zeit muss sein.

Kurze Zeit danach erreichen wir unser Ziel: eine wunderschöne Holzhütte, komplett eingerichtet mit Holzofen und Bettkojen. Wir feuern den Ofen an, warten bis die Hütte wieder rauchfrei ist, und essen bei Kerzenschein. Es stehen sechs Kojen zur Verfügung, aber niemand anderes gesellt sich zu uns. Nach kurzem Beratschlagen verriegeln wir die Tür. Ein Wanderer kann klopfen, und ich habe zu viele Schwedenkrimis gesehen, als dass ich die Türe unverschlossen ließe.

Doch die Nacht vergeht ohne Axtmörder und sonstige Zwischenfälle, und am nächsten Morgen werden wir von Vögeln geweckt. Es müssen Vögel gewesen sein, denn Aliens gibt es nicht im Nationalpark. Wer sich jemals gefragt hat, wo Pink Floyd die seltsamen psychedelischen Laute für ihre besten Lieder herhatten: Nix Drogen, die haben einfach einen Morgen lang im Skuleskogen das Tonband laufen lassen. Und was für einen Radau die veranstalten – also die Vögel, nicht Pink Floyd! Weiterschlafen ist unmöglich. Uns kann es recht sein, wir wollten sowieso früh los. Wir wollen zur Slattdalsschlucht, und die liegt auf 200 Höhenmeter. Ich werfe einen letzten sehnsuchtsvollen Blick auf die Ostsee, dann geht es los. Ich fühle mich an die Hochebene des Fulufjället erinnert. Wieder sind wir seit gestern keinem Menschen begegnet. Wieder sind wir auf einer Strecke, die aussieht, als wäre sie eine ins Tal niedergegangene Lawine und kein Weg. Aber diesmal tragen wir zusätzlich unsere Ausrüstung. Mit jedem Kilometer scheint sich das Gewicht zu verdoppeln. An einem Bergsee rasten wir und kühlen unsere Beine. Die Schlucht ist immer noch zu weit weg und zu hoch oben. Mit der Ausrüstung schaffen wir das nicht. Also lassen wir unsere Rucksäcke einfach stehen, und nehmen nur die Wasserflaschen mit. Unseren alten Kram klaut keiner. Schon deshalb, weil keiner da ist. Eine schwedische Familie badet im See. Sie sind die einzigen Leute, denen wir während des Aufstiegs begegnen. Endlich haben wir es geschafft. Die Schlucht erhebt sich vor uns. Sobald wir zwischen den senkrechten Wänden eintauchen, fällt die Temperatur merklich. An den Wänden läuft das Kondenswasser herab, und wir müssen höllisch aufpassen, auf den rutschigen Steinen nicht auszurutschen. Am Ende der Schlucht kann man über eine Treppe nach oben steigen. Wieder steigen! Aber es lohnt sich. Von oben haben wir einen fantastischen Blick über die Ostsee, die kleinen Inseln, wir sehen sogar die Hütte, in der wir übernachtet haben. Und ich verfluche einmal mehr meinen Fotoapparat. Mit der gewohnten Bösartigkeit eines technischen Geräts sind die Batterien genau ausgegangen, als wir im Park ankamen. Ich schaffe es noch einige Fotos mit der Handykamera zu schießen, an sich schon ein armseliger Ersatz. Ich besitze das schlechteste Handy auf diesem Planeten, 0,5 Megapixel. Schlagt das nach, solche Apparate gibt es heute nicht mehr! Dann macht auch dieser Akku schlapp.

Wir wollten hier oben Mittag essen, aber daraus wird nichts. Stimmen werden durch die Schlucht zu uns hochgetragen. Touristen, und was schlimmer ist: überkommunikative deutsche Touristen! Schnell sind wir von einem guten Dutzend Leuten umringt. Lautstark beschwert sich ein Mittelfünfziger in grellblauer Wanderjacke über die Wege, das Essen im Hotel. Es ist zum Fremdschämen! Wissen die denn nicht, dass Schweden meistens deutsch sprechen, es aber so gut wie immer verstehen können? Immer mehr Leute kommen dazu. Das hat den Vorteil, dass ich dem Schlumpf nicht mehr zuhören muss. Allerdings wird es langsam ungemütlich voll hier. Endlich wird uns auch klar, warum so wenig Leute in diesem Nationalpark unterwegs waren. Es lag einfach daran, dass wir so früh aufgebrochen waren. Nun, zur Mittagszeit, quellen die Leute in den Park. Wir haben genug gesehen, und vor allem gehört. Wir beginnen den Abstieg, sammeln unser Gepäck ein, das immer noch unberührt an der Schutzhütte steht, und wandern zu unserem Auto zurück.

*Ostküste*

Der dicke Reiseführer hat fast seine ursprüngliche Größe wieder erreicht. Höga Kusten war unser letztes großes Ziel und nun geht es heimwärts. Es gibt zwei Möglichkeiten, entlang der schwedischen Ostküste von Norden nach Süden zu gelangen. Entweder über die Autobahn A4, gut ausgebaut und schnell, oder über die alte Küstenstraße, gemütlich und interessant. Klar, welche Möglichkeit wir wählen. In diesen letzten beiden Tagen leben wir noch einmal das Motto unserer Fahrt: Wir fahren durch die Gegend, und überall, wo es interessant aussieht, halten wir an.

Wir halten an einer alten Hüttenanlage (Völklinger Hütte in Backstein und kleiner), in pittoresken

Küstenorten (rote Häuser und Ostsee), an einem Sandweg (da gab es Eis), in Iggesund und Engacker, zwei winzigen Orten mit wunderschönen mittelalterlichen Kirchenmalereien. Doch jeder Halt bringt uns näher an Zuhause, und näher an das Ende dieser Fahrt.

Unseren letzten Abend verbringen wir auf einem Campingplatz, einem richtigen Campingplatz, mit Parzellen und Rasen und Dusche. Am nächsten Morgen landet eine Schar Wildgänse vor unserem Zelt. Sie tapsen über den Rasen, fressen Gras und wirken so sehr wie aus einem Buch, dass ich zwischen ihnen nach einer roten Zipfelmütze Ausschau halte. Und wie Nils Holgersson muss auch ich von dieser wunderbaren Reise bald Abschied nehmen.

Ein letztes Mal schlagen wir unser Zelt ab und hinterlassen die Platzmiete in dem üblichen gebrauchten Briefumschlag. Sollte in Stockholm jemals eine Börse eröffnen, schlage ich als Symbol einen gebrauchten Briefumschlag vor.

Einen allerletzten Halt haben wir aber noch: das Höhlensystem von Bodorna, laut unserem allwissenden Führer das längste der Welt. Ich hatte mir so etwas vorgestellt, wie die Schlossberghöhlen in Homburg, mit einem Eingangshäuschen, Eintritt und Führer. Wie deutsch gedacht! Mitten im Wald finden wir einen Hügel, bestehend aus riesigen Felsen. Die Spalten dazwischen scheinen tief im Boden zu verschwinden. Das tun sie auch. An vier Löchern, durch die sich ein Mensch durchquetschen kann, hängen Seile. Das ist alles! Kein Führer, kein Wachdienst! Lediglich ein Schild klärt darüber auf, dass man bitte vorsichtig sein solle, nicht die Seile verlassen und nach Möglichkeit nicht allein gehen und zwei Lichtquellen mitnehmen.

Ich traue mich bis zu der Stelle, an der das Tageslicht erlischt. Dann kehre ich schnell um. Ich bin ein echter Angsthase, und ich habe panische Angst davor, lebendig eingeschlossen zu werden. Da genieße ich lieber die Sonne, während Martin unter der Erde verschwindet. Die Zeit vergeht. Ich warte, während ich mich panisch an unseren Autoschlüssel festkralle. Wenn der runterfällt und zwischen die Spalten ... Endlich kehrt er zurück, und berichtet von kavernenartigen Höhlen, von vielfarbigen Steinen. Das hätte ich mir doch gerne angesehen. Wenn es nur nicht unter der Erde gewesen wäre …

Und dann … dann fahren wir wirklich heim. Wir waschen das Auto und bringen es zurück zur Vermietung, hoffend, dass die kleinen Dellen nicht auffallen (Grüße vom Schotterweg). Wir packen unsere Sachen aus, waschen unsere Klamotten, reinigen das Zelt, kurz alles was man macht, wenn man so aus dem Urlaub zurückkommt. Wir waren nur 10 Tage unterwegs gewesen, es kommt mir vor wie ein Monat. Nun endlich haben wir Schweden wirklich erlebt, unser Schweden mit Abenteuern, rosa Felsen, schleichenden Flüssen, hinterhältigen Pilzen und EventuElchen!

# 27 STOCKHOLM PRIDE, DER SCHWEDISCHE CHRISTOPHER STREET DAY

Derzeit weht an den Regierungsgebäuden Stockholms, an den Bussen, sogar am Königspalast nicht die gewohnte blau-gelbe Schwedenflagge, sondern das Regenbogenbanner. Es ist die Stockholm Pride Week, die größte Veranstaltung homosexueller Kultur in Skandinavien und nebenbei das größte Volksfest Stockholms. Eine Woche lang brummt die Stadt vor Lesungen, Vorführungen, Filmen, Straßenkünstler gaben spontane Vorstellungen, und dazwischen, immer wieder, die Regenbogenflagge. Selten wirkt Stockholm so bunt und so lebendig wie in dieser Woche, und mehr als ein von skandinavischer Kühle müder Stockholmer wünscht sich: Könnte es nicht immer so sein …

Die Stockholm Pride steht, ebenso wie die Christopher Street Days, die, ganz nebenbei nur in deutschsprachigen Raum so heißen, in der Tradition der Schwulenbewegung von 1969. Zu dieser Zeit war es in so ziemlich allen Ländern illegal, homosexuell zu sein.

Seine Neigung ausleben konnte man nur in heimlichen Treffen, meist in dunklen Ecken oder noch dunkleren Bars, und dort erwischt zu werden, bedeutete nicht nur Schande und Ärger mit der Ehefrau, sondern eventuell den Verlust des Arbeitsplatzes oder Gefängnis. Gleichzeitig waren Schwule beliebte Zielscheiben für die Polizei, denn die durften sich nicht wehren. Bis 1969, als sich die Homosexuellen bei einer Razzia in San Franciscos Christopher Street weigerten, sich verhaften zu lassen. Dies war der Anfang der Schwulenbewegung, in der Homosexuelle Schritt für Schritt mehr Rechte erstritten, angefangen mit dem Recht, nicht spontan von der Polizei verprügelt und eingekerkert zu werden. Seitdem gibt es in Erinnerung an diesen Tag überall auf der Welt die Pride Weeks. Meist sind sie, wie in Stockholm, ein Mix aus Kulturereignissen, politischen Diskussionen und fröhlichen Feiern.

In Stockholm fällt die Parade immer auf den Samstag, bevor sonntags die Pride Week zu Ende geht. Es ist meine erste Pride-Parade, und so ganz weiß ich nicht, was mich da erwartet. Natürlich kenne ich die Bilder der Kölner und Berliner Christopher Street Days, aber selbst dabei zu sein ist etwas völlig anderes. Vor dem Zug treffen wir uns mit einer Arbeitskollegin und deren Schwester samt Kindern, zwei aufgeweckten Mädels, vollständig ausgestattet mir Regenbogenstrumpfhosen und Flaggen. Schweden lieben Fahnenschwenken, vor allem die Kinder. Wir sind schon etwas spät dran. Auf den Straßen ist die Hölle los. Hunderte von Menschen strömen zum Umzug. Wir kommen gerade noch rechtzeitig, haben gute Plätze zum Schauen gefunden, als eine Gruppe Biker mit Lederjacken und Regenbogenfahne vorbeischießen. Die Parade hat begonnen.

Der Zug steht unter dem Motto Offenheit, und alle

sind willkommen, die sich für eine offene, tolerante Gesellschaft aussprechen. Unglaublich, wer da alles teilnimmt! Schweden hat neun Millionen Einwohner und gefühlte zehn Millionen Vereine, Gewerkschaften, Vereinigungen und Interessenvertretungen. Polizei, Doktoren, Studenten, Feuerwehr, jeder hat eine Homosexuellengruppe und ist auf der Parade mit einem eigenen Wagen vertreten. Die Eltern homosexueller Kinder marschieren und zeigen so ihren Stolz auf und Unterstützung für Ihre Kinder. Geishas und Engel tanzen zu George Michael, Grease, oder den modernen Pendants wie Lady Gagas ‚Born this way', während Batman und Robin mit Wasserpistolen Spiderman und Wonderwoman die Straße hinabjagen. Die Leute auf den LKWs haben Ihre besten Kleider aus dem Schrank gezogen, und zeigen Rüschen, Federn und so gekonnte Make-up-Kenntnisse, dass ich beim besten Willen nicht sagen konnte, ob sich darunter ein Mann oder eine Frau verbirgt. Alle großen Parteien sind mit einem Schauwagen vertreten, alle außer den Rechten, die es ja bekanntlich nicht so mit Offenheit und Toleranz haben. Aber die vermisst hier sowieso keiner. Stattdessen bewundern wir den dicken Mann mit freiem Oberkörper und Hundehalsband, der über den LKW-Rand gelehnt die Passanten anschreit. Vor allem die Kinder finden ihn toll. Wahrscheinlich halten sie ihn für eine Art entlaufenen Tanzbär.

Bei allem Amüsement gibt es auch ernste Momente. Die Paraden werden auch abgehalten, um sich mit denen zu solidarisieren, die nach wie vor unterdrückt werden. Man darf nicht vergessen, dass Stockholm eine sehr internationale Einwohnerschaft hat, und viele der Feiernden aus Ländern stammen, in den sie verfolgt würden. Zwangsehen, Ehrenmorde, die drakonischen Strafen, die in vielen Ländern immer noch auf Homosexualität stehen, all dies wird thematisiert.

Viele Leute tragen außerdem in diesem Jahr neben der Regenbogenflagge auch die Flagge Norwegens aus Solidarität mit dem von dem grässlichen Amoklauf getroffenen Nachbarland, der zu diesem Zeitpunkt erst wenige Wochen her ist. Als mächtiges Zeichen: Ihr steht nicht allein da. Wir sind an eurer Seite, wir denken an euch. Und: Es ist völlig egal, welche Sexualität ihr habt, wir werden euch verteidigen, eure Freiheit, eure Würde und euren Stolz!

Und viel zu schnell ist sie vorbei, meine erste Pride Parade. Wie es war? Wunderbar! An keiner Stelle fühlte ich mich als heterosexueller Mensch unwohl oder fehl am Platz. Die Atmosphäre war fröhlich und ungezwungen, und, was mich am meisten überraschte, weniger sexuell aufgeladen als beispielsweise ein Karnevalsumzug, wo ich zu späterer Stunde mit alkoholisierter Grapscherei oder anzüglichen Anmachen rechnen muss.

Übrigens hing an jedem Wagen des Zuges eine SMS-Nummer, mit der man den besten Wagen wählen konnte. Alle außer dem Letzten. Schade, für den hätten wir gestimmt. Das war ein Wagen der Stadtreinigung, der direkt allen Müll wieder einsammelte, so dass die Straße eine Stunde nach der Parade wieder makellos sauber erstrahlte. Typisch Schweden!

# 28 DER SCHWEDISCHE SOMMER

Neulich hatte eines der dritten Programme einen Schweden-Thementag angesetzt. Jetzt empfangen wir in Schweden natürlich nicht selbst die dritten Programme, doch dank Internet konnte ich die Reportagen aufzeichnen, und in der vergangenen Woche haben wir sie uns angesehen. Um es mit einem Wort zusammenzufassen: Bullerbü-Effekt!

Habt ihr schon mal vom Bullerbü-Effekt gehört? Angeblich sind davon vor allem Deutsche meiner Generation betroffen, nämlich die, die als Kinder zu viele Astrid Lindgren Filme geschaut haben. Sie glauben, dass das Leben in Schweden wirklich so aussieht wie in dem winzigen Dorf Bullerbü, wo jeder jeden kennt, die Kinder den ganzen Tag auf der Straße spielen und es immer Sommer ist. Wo rothaarige Kinder ihre Pferde durch die Gegend tragen. (Ich habe mich ja als Kind immer gefragt, warum? Warum macht Pippi das? Für das Pferd kann das ja nicht besonders bequem sein, und für Pippi auch nicht, so beide Hände voll mit Pferd. Die Antwort geben die Mythbusters: „Weil sie´s kann“ oder im englischen Original: Everything worth doing is worth overdoing. Aber ich schweife schon wieder ab.)

Diese Schwedenreportagen dieses Thementages triefen vor Bullerbü-Effekt. Man sieht nur Sommer. Ungeachtet der tatsächlichen Länge, oder besser: Kürze, des skandinavischen Sommers tanzen Schweden um die Mittsommerstange, bevor sie sich mit ihrem Boot über die funkelnde Ostsee oder über einen malerisch gelegenen einsamen See für die nächsten vier Wochen zum Angeln zurückziehen. Die Frauen tragen viel zu kurze Kleider, während sie durch die Gamla Stan, die berühmte Stockholmer Altstadt flanieren, um schließlich draußen auf einem der Plätze an einem Kaffee zu nippen. Kritische Zeitgenossen sagen an dieser Stelle: Das kann nicht sein, die haben da auch ihre Probleme, Schweden ist auch nicht perfekt.

Ich bin einer der kritischsten Menschen, die es gibt. Die Studenten, die das Vergnügen hatten, einem meiner Seminare beizuwohnen, werden dies aus eigener schmerzhafter Erfahrung bestätigen können. Meine Meinung zu Schweden: Es ist traumhaft. Alle sind glücklich und tanzen, und es ist immer Sommer.

Habe ich mein grummeliges Ich aufgegeben und bin zu einer Grinsetante mutiert, die alles toll findet? Keine Angst, Leute! Mit mir ist alles in Ordnung. Ich stehe derzeit nur unter dem Einfluss des schwedischen Sommers.

Der schwedische Sommer ist weniger eine Jahreszeit als eine Art kollektive Halluzination, die die gesamte Nation erfasst. Der Wahn beginnt pünktlich mit den Festivitäten rund um Mittsommer und reicht bis in den späten Herbst. Wodurch es ausgelöst wird, ob durch die langen Sonnenstunden oder ein Halluzinogen in Blaubeeren, ist wissenschaftlich noch nicht abschließend geklärt. Besonders schwer betroffene Fälle gehen noch im November in die mittlerweile wieder eiskalten Seen und tragen noch im Januar Miniröcke. Oder es sind Isländerinnen. Diese Frauen haben ein komplett anderes Kälteempfinden.

Den Einfluss des schwedischen Sommers lässt sich an folgenden Symptomen erkennen:

1. Verändertes Zeitgefühl. Eine Stunde ist eine Stunde, das wissen wir vom guten Einstein. Aber im schwedischen Sommer ist eine Stunde auf der Arbeit wie eine Sekunde, und die warmen Nächte dauern ewig an. Betritt man einen Park, verdoppelt sich die Zeit noch einmal. Das liegt sicher auch am mangelnden Schlaf, der in den langen Tagen und kurzen Nächten zur Nebensache wird. Wissenschaftler haben herausgefunden, dass Schlafmangel zu Halluzinationen führen kann, und ich kann nicht ausschließen, dass ein Teil des schwedischen Sommers eben auf diesen dauernden Schlafmangel zurückzuführen ist. Wenn die Sonne nicht untergehen will und dem Körper signalisiert, dass es Zeit ist, wach zu sein: Wer mag da schon schlafen?

2. Abnormes Verhalten. Wie ein Frosch quakend um eine Stange hüpfen? Jeder Psychiater würde da schon mal die Couch bereitstellen. Aber an Mittsommer macht das jeder. Es tun alle, doch alle auf eine Couch legen geht nicht. So viele Couchen gibt es gar nicht. Obwohl, IKEA kommt ja auch aus Schweden.

3. Halluzinationen. Während unseres Schweden-Urlaubs habe ich Tagebuch geführt, um mich an wichtige und unwichtige Ereignisse besser erinnern zu können. Darin habe ich jeden Tag notiert, dass es geregnet hätte. Ich erinnere mich an einen Regenguss, an die Tropfen, die nach einem glühend heißen Tag auf meinen Armen verdampften. An die anderen Regentage habe ich keine Erinnerung. Als wären sie jemand anderem passiert. Und was noch seltsamer ist: Auf fast

keinem der vielen, vielen Fotos, die ich geschossen hab, sieht man schlechtes Wetter, ganz so, als hätte der Sommer nicht nur meine Erinnerungen, sondern auch das Grau von den Bildern gelöscht.

Ich glaube zu wissen, was das Geheimnis des schwedischen Sommers ist: Ich habe mal gelesen, dass Kranke oft ihre Zeit viel bewusster erleben, weil sie wissen, dass sie endlich ist. Und so geht es uns mit dem schwedischen Sommer. Er kann Monate dauern, Monate voller Seen und Eiscreme und Grillen. Und er kann jeden Tag vorbei sein, jeden Tag kann ein Tiefdruckgebiet kommen, und die Sonne vertreiben, und immer lauert um die Ecke bereits der dunkle, kalte schwedische Winter.

Deswegen genießen wir jede Sekunde, die uns geschenkt wird, gehen in jeder Mittagspause kurz vor die Tür, um gierig jeden Sonnenstrahl aufzusaugen, für die Zeit, in der der Sommer nur eine Erinnerung ist. Ist das wirklich der Bullerbü-Effekt? Nein, Bullerbü-Effekt hieße, die Augen vor allen Problemen zu verschließen. Ich nenne es lieber den Smagrodorna-Effekt, nach dem berühmten Mittsommerlied über die kleinen Frösche. Wir verschließen nicht die Augen vor dem um uns herum, doch so lange die Sonne scheint, und so lange die Musik spielt, tanzen wir und quaken, ganz im Hier und Jetzt, und denken nicht an die Zeit, in der die Musik endet.

# 29 HOHES RISIKO!

Eigentlich will ich Hanna in der Stadt treffen, gemütlich Kaffee, Spaziergang. Gerade habe ich abgesagt. Weil Obama kommt!

Natürlich nicht zu mir persönlich, der amerikanische Präsident besucht Stockholm. Die Innenstadt wird mehr oder weniger komplett abgesperrt, die Autobahn zeitweise, das Trafikwerk hat schon Verkehrschaos vorausgesagt. Und teilweise ist das schon klar, bei hohem Besuch muss man Vorsorge treffen wegen Terroristen und anderen Idioten, aber es wird mehr gemacht als normalerweise, denn – und jetzt haltet euch fest: Der Secret Service hat Schweden als Land mit hohem Sicherheitsrisiko eingestuft!

Schweden! Land mit hohem Sicherheitsrisiko! Ehrlich, das begreife ich nicht. Offiziell wird die Einschätzung mit der Ermordung zweier hochrangiger Politiker in den letzten Jahren begründet, Olof Palme und Anna Lindh. Aber mit den Kennedy Brüdern hat Amerika zwei politische Morde in einer Familie. Wenn es also nach der Logik geht, wären die USA ein extrem-schrecklich-übel- Hochrisikoland. Ich nehme übrigens an, dass es noch mehr politische Morde gab, aber werde die nicht googeln, die armen Leutchen vom NSA haben dieser Tage schon so genug zu tun.

Also, die Erklärung mit den Politkern ist nicht glaubwürdig. Welche anderen Möglichkeiten gäbe es für so eine Einschätzung? Ich überfliege die Nachrichten der letzten Jahre: Unruhen in Stockholm im Mai. Die Unruhen dauern sechs Tage, einige Autos werden angezündet, niemand wird getötet, und mittlerweile denkt hier schon keiner mehr dran. Für Schweden waren das die schlimmsten Unruhen, die es jemals gegeben hat. In Detroit wäre das ein gewöhnlicher Donnerstag Nachmittag.

Was haben wir noch? Bombenanschlag 2010. Ach ja, der Typ, der es geschafft hat, zwei Bomben zu bauen und sich mit einer selbst in die Luft zu jagen und mit der anderen zwei Leute leicht zu verletzen. Unfähigster Attentäter aller Zeiten!

Dann fällt mein Blick auf einen dritten Artikel von letzter Woche: „Betrunkene Elche flüchten vor der Stockholmer Polizei", und plötzlich wird mir alles klar: Der Secret Service fürchtet nicht die Menschen, sondern die brutale, schwedische Tierwelt!

Glaubt man amerikanischen Dokus, dann sind alle Tiere grausame Bestien, die auf Unschuldige lauern, um sie bei erster Gelegenheit zu zerfetzen. Neulich kam auf dem Dokusender eine amerikanische Dokumentation über gefährliche Killer der Wildnis. Nein, es ging nicht um Löwen, Haie oder Krokodile. Es ging um Elche! Es gibt ja auch in den USA und Kanada Elche, und laut dieser Dokumentation sind das alles kaltblütige Mörder. Begleitet von einer unheilvollen Stimme zeigt die Dokumentation einen Trucker, der die Straße des Todes fährt, so genannt, weil durch die der größte Wildwechsel für Elche führt. Und kaum sind sie losgefahren, sieht man schon an der Seite den ersten Elch lauern, bereit, hervorzuspringen und den LKW von seiner Spur abzubringen. Wow, denken wir uns, in Amerika sind die Elche ja krass, die sind ja scheinbar ganz anders drauf als unsere Elche hier, da geht die Dokumentation schon weiter: „Aber nicht nur in Nordamerika lauert die Gefahr. Geschätzte einhunderttausend dieser potentiellen Killermaschinen durchstreifen die skandinavische Halbinsel.“ Killermaschinen? Aber da kommen die Beispiele. Ein Elch, der auf die Autobahn gerät, und Chaos auslöst. Wie viele Todesfälle? Keiner. Die Kameraleute ziehend halbtraurig weiter.

Der nächste Elch hat beschlossen, mitten im Winter in Stockholms Innenstadt ein Bad zu nehmen. Der Reporter stürzt zum verantwortlichen Einsatzleiter.

„Ist das nicht gefährlich für die Schifffahrt?“, fragt er, und freut sich wohl schon auf Schilderungen eines Supershark-Killerelchs, der mit einem Schlag seiner Schaufel eine siebenstöckige Ostseefähre zum Kentern bringt.

„Nein“, antwortet der Einsatzleiter. „Dafür werden wir ja gerufen und dann riegeln wir den Bereich großräumig ab. Gefährlich ist es für den Elch, der kann hier an nicht so vielen Stellen an Land gehen, wir müssen dem helfen, sonst kühlt er zu sehr aus.“

Die Antwort passt dem Reporter sichtlich nicht.

„Aber Sie müssen hier anrücken mit großer Mannschaft, während Sie eventuell anderswo gebraucht würden“, versucht er, dem Elch vielleicht zumindest indirekt einen Toten unterzujubeln. Der Einsatzleiter zuckt nur mit den Schultern.

„Das gehört halt auch zu unserem Job.“

Einige Stunden später, mehrere Rettungsversuche sind gescheitert, der Elch ist zu schwach, und am Ertrinken. Der Reporter versucht es ein letztes Mal.

„War das nicht eine furchtbare Verschwendung?“, fragt er mit Blick auf die zahlreichen Einsatzfahrzeuge.

Der Einsatzleiter schaut, als hätte er etwas unterm Schuh gefunden.

„Ja, eine entsetzliche Verschwendung. So ein wunderschönes Tier! Wenn er nur einmal in die richtige Richtung geschwommen wäre. Aber leider sind Elche manchmal so.“ Im Hintergrund hört man einen Schuss.

„Es gehört zu unserem Job. Aber schade ist es, jammerschade!“

Die Reporter folgen einem Professor aus Umea in einem letzten verzweifelten Versuch, die Schweden von der Grausamkeit der Elche zu überzeugen. Es hilft nichts. Schweden haben einfach keine Ahnung von dem Unheil, dass sie umgibt. Während sich der Professor im schwedischen Killerschnee einer Elchfamilie nähert, gibt solch ignorante Sätze von sich wie „Kühe mit Jungen sind oft sehr vorsichtig“, oder „Sie greifen nur an, wenn sie sich in die Enge getrieben fühlen“ oder gar „Wenn ich allein wäre, würde ich nie so nah an sie rangehen“, als wäre das Kamerateam das Problem, nicht die brutale Elchkuh und ihr verwahrloster Teenagerelchsohn!

In Bezug auf ihre Tierwelt sind die Schweden einfach nur extrem naiv! Man weist sie auf die vielen Unfälle mit Elchen hin und sie sagen nur: „Ja, stimmt schon, aber es sterben nur 8-12 Leute jedes Jahr wegen Elchen. Wegen Alkohol oder Motorrädern sind es viel mehr.“ Eine Frau wird beim Baden von einem Biber gebissen, vor 2 Wochen hier ganz in unserer Nähe. Ihre Reaktion: „Wie cool, ich lebe in einer Stadt, die so naturnah ist, dass man von einem Biber gebissen werden kann. Übrigens kann ich eine Tetanusspritze kriegen?“

Und letzte Woche schließlich diese marodierenden Elche, die in einen Garten eingebrochen sind, sich an den herumliegenden Äpfeln komplett besoffen und den Bewohner nicht mehr in sein Haus gelassen haben! Als der die Polizei gerufen hat, sind die Elche geflüchtet, und die Polizei hat nicht etwa die Terrorabwehr gerufen!

Nein, die haben dem Hausbesitzer einfach nur gesagt: „Heb´ die Äpfel vom Rasen auf, dann müssen sich die Elche einen anderen Platz zum Saufen suchen."

In diesem Zusammenhang wurde kein Elch verhaftet!

In Anbetracht dieser laxen Sitten ist es völlig logisch, dass der Secret Service Schweden als Hochrisikoland ansieht. Man stelle sich nur vor: Obama spaziert am Strandvägen vorbei, plötzlich stürzt ein Biber aus dem Wasser und beißt ihn ins Bein. Mr. President flüchtet nach Arlanda, aber auf dem Rollfeld vor Air Force One stehen fünf besoffene Elche und lassen ihn nicht ins Flugzeug … ein echter Alptraum für die Sicherheit!

# 30 ALIEN IN STOCKHOLM

Ich habe mich extrafein gemacht, habe mein neues Oberteil angezogen und mich dezent geschminkt. Ich habe mir kluge und interessante Fragen ausgedacht, meine schönsten Fotos auf Facebook hochgeladen, kurz, mir alle Mühe gegeben, mich möglichst optimal zu präsentieren. Letzte Nacht konnte ich vor Aufregung nicht schlafen. Ich sitze auf der Arbeit, bin total unaufmerksam und hoffe, dass die Zeit bald vorbei geht. Ich warte darauf, dass mein Handy klingelt, zähle die Minuten. Um sechs treffen wir uns. Hoffentlich mache ich keinen Fehler, hoffentlich komm ich sympathisch und gleichzeitig verlässlich rüber. Hoffentlich entscheidet er sich für mich und nicht für eine Andere. Er hat definitiv seine Macken, aber er hat, was ich brauche: eine neue Wohnung!

Engländer reden übers Wetter, Stockholmer über Wohnungen. Preise, Größe, Zimmerzahl, darum drehen sich die Partygespräche. Dem Außenstehenden erscheint dies wie ein netter, unverfänglicher Smalltalk. Weit gefehlt! Es ist eine bittere Notwendigkeit! Zu sagen, eine Wohnung in Stockholm zu finden, sei schwierig, ist die

Untertreibung des Jahres. Der Immobilienmarkt in Stockholm präsentiert sich dem Außenstehenden als, gelinde gesagt, grauenvoll. Die allermeisten Wohnungen gehören Genossenschaften, und die haben Wartelisten so lang wie Staus auf der A5 zum Ferienbeginn. Einem Stockholmer schenkt man zum 18. Geburtstag den Führerschein, neue Skier und ein Jahresabo für die Stockholmer Wohngenossenschaft. Hat man so eine Genossenschaftswohnung, einen erste-Hand-Vertrag ergattert, mietet man eine erstklassige Wohnung, teilweise zu Spottpreisen. Und die gibt man freiwillig nicht mehr her. Eigentlich gibt es feste Regeln, inwiefern und wie lange untervermietet werden darf und unter welchen Umständen die Wohnung zurückgegeben werden muss, wenn man selbst nicht darin wohnt. Aber die normalerweise gesetzestreuen Schweden entwickeln erstaunliche Ideen, um diese Regeln zu umgehen. Die Wohnung aufgeben, das wollen sie auf keinen Fall, selbst wenn man seit Jahren woanders arbeitet oder mit dem Partner zusammenwohnt etc. Vielleicht bekommt man ja Kinder mit diesem Partner, und die können, wenn sie mal studieren, in dieser Wohnung leben. Falls sich jemand für den Plot meines nächsten Krimis interessiert: Die Reste einer Leiche werden entdeckt. Am Schluss kommt raus, dass der Mann bereits vor zehn Jahren eines natürlichen Todes gestorben ist, und sein Sohn ihn erst in der Kühltruhe aufbewahrt und ihn dann verscharrt hat, weil er die Vierzimmerwohnung seines Vaters in Gamla Stan mit Blick auf die Museumsinsel nicht zurückgeben wollte.

Aber zurück zum Thema Wohnungssuche:

Neben erste-Hand-Mieten gibt es auch das Mieten von privat, das Zweite-Hand-Mieten. Solche Wohnungen sind rar und immer zeitlich begrenzt. Das liegt an zwei Sachen. Erstens: Die Stadt schreibt die Mietpreise vor, und oft liegen die noch unter den laufenden Kosten des Eigentümers, und zweitens, und jetzt steigen wir so richtig in die Merkwürdigkeiten des schwedischen Wohnens ein, die Wohnung gehört den Eigentümern nicht. Kauft man in Stockholm eine Wohnung, kauft man nicht die Wohnung, sondern nur ein Wohnrecht in einer Wohnung der Genossenschaft. Die kann man dann auch umtauschen, verkaufen, nur vermieten für einen längeren Zeitraum, das geht nicht. Die Genossenschaft kann den Besitzer sogar dazu zwingen, seine Wohnung zu verkaufen, wenn er zu lange nicht selbst darin wohnt. Also vermieten die Leute nur kurzfristig, maximal ein Jahr. Vermieten sie weniger als sechs Monate, gilt außerdem die Mietpreisbindung nicht. Folge: Die meisten Wohnungen gibt es für vier Monate zu einem sauteuren Preis.

Die einzige Möglichkeit, diesem Irrsinn zu umgehen, ist, eine Wohnung zu kaufen. Das ist für uns zumindest vorerst keine Option, also müssen wir uns mit dem Wahnsinn des zweite-Hand-Mietens arrangieren. Da fällt mir ein, ich muss mal wieder bei Blocket reinschauen. Blocket heißt eine der wenigen Webseiten, auf der Wohnungen angeboten werden. Ich checke Blocket dreimal am Tag und trage immer einen USB bei mir, um von überall aus unsere Bewerbung und unser Foto losschicken zu können. Die meisten Wohnungen werden möbliert vermietet, meistens handelt es sich um die eigene Wohnung des Vermieters. Da wollen die natürlich schon genau wissen, wen sie da in ihre Bude lassen. Die Vermieter stellen extrem hohe Ansprüche. Kaution und Mietvorzahlungen sind noch die harmloseren Auswüchse. In langen Mails muss man sich detailliert präsentieren und dabei virtuell die Hose runterlassen. Hast du Kinder/Haustiere/Partner? Bist du Raucher/männlich/weiblich? Würdest du für die Wohnung deine Großmutter verticken? Viele Vermieter wollen eine Kopie des Arbeitsvertrags sehen, und zwar vor der Wohnungsbesichtigung. Und wenn man das nicht mitmachen will? Vor der Tür stehen schon zwei neue Interessenten.

Ist die Mail raus, wartet man auf Antwort. Keine Antwort ist eine Absage. Hat die Präsentation vor den Augen des Vermieters Gnade gefunden, erreicht man die nächste Stufe: die Wohnungsbesichtigung. Und die erwartet mich nun.

Es ist Abend. Ich steige aus dem Bus aus und stehe in einer absolut unbekannten Umgebung. Bei der Wohnungssuche lerne ich ganz neue Ecken von Stockholm kennen. Schön grün ist es hier. Das Haus, in der die Wohnung liegen soll, präsentiert sich in Beton und mausgrau. Ich steige in den dritten Stock und warte auf den Vermieter.

Und gleich die erste Überraschung: Er ist eine Sie. Freundlich bittet sie mich hinein. Die Wohnungsbesichtigung ist schnell durchgeführt. Physiker haben unrecht. Raum und Fläche sind keinesfalls lineare Größen, nicht, wenn es um Immobilien geht. Unsere aktuelle Wohnung hat ca. 30qm und ist geräumig. Diese hat 30qm und ist winzig. Ich versuche, mir Martin und mich hier vorzustellen, und scheitere. Innerlich hake ich diese Wohnung als ungeeignet ab, auf Höflichkeit und Neugierde frage ich, wie viele Interessenten sich denn gemeldet hätten?

-350.

Ich verschlucke mich an meinem Kaffee.

- Und wie viele sind in der engeren Auswahl?

Das weiß sie gar nicht so genau, aber heute, am ersten Tag, waren schon 6 Interessenten da.

Auf dem Heimweg bin ich niedergeschlagen. 350 Anfragen, 6 Interessenten am ersten Tag. Ich dachte, Martin und ich wären attraktive Kandidaten: Paar, Anfang dreißig, beide Vollzeitjob, keine Haustiere, keine Kinder, keine Raucher, keine Schulden. Aber nur eine Großmutter. Und selbst, wenn wir das Paar Ersatzgroßeltern noch drauflegen würden, einer der anderen Interessenten hat sicherlich drei oder sogar vier vollständige Sätze. Wo bekommen wir so schnell mehr Großmütter her?

# 31 UMZUG

Vor kurzem schlug jemand vor, Umziehen zum offiziellen schwedischen Nationalsport zu erklären. Die Idee traf auf Begeisterung und wurde bis in die höchsten Sportkreise getragen. Am Tag der Abstimmung trat der Captain der schwedischen Eishockeynationalmannschaft vors Plenum. Auf seinen Schläger gestützt setzte er den Funktionären auseinander, warum Eishockey Sportart Nummer 1 bleiben sollte. „Es macht einen bleibenden Eindruck bei allen, die mit dieser Sportart konfrontiert wurden", rief er und hob seinen Hartholzschläger. „Die Jugend braucht schnelle und harte Sportarten." Er sprang auf ein Pult und holte aus. „Sonst werden die Teenager gewalttätig." Der Puck flog über die Sitze und bohrte sich zwei Zentimeter über dem Kopf des Schriftführers in die Wand. Die Abstimmung verlief einstimmig: Eishockey blieb der Nationalsport Schwedens – und Umziehen die beliebteste Freizeitbeschäftigung.

Egal, wen man fragt: Freunde, Nachbarn, Studienkollegen, alle sind entweder gerade umgezogen, stecken mitten im Umzug oder werden spätestens nächsten Monat umziehen. Umziehen gehört zur

Stockholmer Identität wie das Sommerhaus in den Schären, das Luciafest und der allmorgendliche Betrieb in den U-Bahnen. Also dachten wir uns: Probieren wir das doch auch mal aus. Als ein nicht unwesentlicher Umstand kam hinzu, dass unser Mietvertrag auslief und wir spätestens nächsten Monat auf der Straße gestanden hätten.

Bevor sich jemand auf Berichte von fremdartigen Ritualen freut: Umziehen in Schweden unterscheidet sich kaum vom Umziehen in Deutschland. Man mietet meist möbliert, was das Umziehen etwas einfacher macht. Wir haben Freunde, die mit zwei Reisetaschen und U-Bahn umgezogen sind. Aber abgesehen davon ist es derselbe Drill: Auto mieten, Zeug packen, feststellen, dass man zu wenig Kisten hat. Tüten und Taschen füllen, Auto beladen, zur neuen Wohnung fahren, ausladen, das Chaos in der neuen Wohnung begutachten, flüchten und erst mal das Auto wegbringen.

Weil wir ein eigenes Bett besitzen, fällt die Umzug mit U-Bahn-Option für uns flach. Wir brauchen ein Auto. Wir wollen den Umzug hinter uns bringen, bevor der Winter mit aller Kraft über Schweden hereinbricht. Laut einer verlässlichen Quelle beginnt der im Dezember. Also legen wir den Umzug fürs letzte Novemberwochenende fest. Eine Woche vorher beginnen wir, zu packen. Freitags unterbrechen wir unsere Vorbereitungen und fliegen nach Deutschland, um mit meinem Pa Geburtstag zu feiern. Ein Transporter für den Umzugstag ist vorbestellt. Ich bin zwar vorher noch nie in Schweden Auto gefahren, aber Transporter fahren kenne ich aus meiner Zeit in Halle. Was soll schon schief gehen?

Als wir montags nachts am Stockholmer Flughafen aus dem Flugzeug steigen, tanzt eine Schneeflocke herab und setzt sich auf meine Nase. Ich blase sie lächelnd fort. Ich bin nicht die Art Autofahrer, die beim Anblick einer Schneeflocke in Panik gerät. Ihre 10 Milliarden Artgenossen, die erschrecken mich allerdings.

Bis zum nächsten Tag sind fast zwanzig Zentimeter Neuschnee gefallen. Ich rufe meine verlässliche Quelle an:

„Hast du nicht gesagt, im November schneit es noch nicht?“

„Das ist auch absolut ungewöhnlich. Ist das nicht wundervoll?“

Ich lege auf. Einen Transporter auf glatter Straße in einem unbekannten Land fahren. Wundervoll, echt!

In der Nacht vor dem Umzug träume ich von einer verschneiten Winterlandschaft. Bäume wie gepudert, mit Eis überzogenes Glas, glitzernd wie moderne Vampire. Überall liegen Päckchen, und mittendrin etwas Rotes. Santa Claus? Ich trete näher. Es ist flach und viereckig: unser Bett. Die Päckchen unsere Umzugskisten. Und das Glas ist die Rückfront des Transporters, den ich in eine Schneewehe gejagt habe.

Der Umzugstag beginnt für mich nicht in bester Laune. Und dann ist auch noch der Kaffee alle. Kisten waren auch zu wenige da, war ja klar! Also gehe ich murrend zu unserem Geschäft um die Ecke, Mülltüten und Getränke kaufen.

Der Laden am Eck ist für mich ein Phänomen. Besuchen wir ihn ohne feste Absicht, finden wir alles, was wir jemals brauchen könnten, und kommen mit beispielsweise einem Netz Biopastinaken, Rentiersalami und einem Päckchen DVD-Rohlinge zurück. Brauchen wir dagegen etwas Bestimmtes, so was Exotisches wie Eier, Dosenmais oder Butter, ist exakt dieses Produkt wahlweise ausverkauft, aus dem Sortiment genommen, oder ein Trupp schwarz vermummter Soldaten ist drei Minuten vor uns ins Geschäft gestürmt und hat alles mitgenommen. Aber heute ist nichts normal. Ich betrete den Laden, greife in das erste Regal nach den Mülltüten, ins Dritte nach den Getränken, in der zweiten Reihe nach dem Kaffee. In Gedanken versunken kehre ich zur Wohnung zurück. Ob die armen Soldaten krank waren?

Martin hat zwischenzeitlich das Bett auseinandergebaut, und das Wohnungschaos geht in seine letzte und schlimmste Phase. Kennt ihr das? Wie bei einer Fieberkrise wird die Situation bei Großreinemachen und bei Umzügen immer besonders schlimm, bevor es dann besser wird. Es wird Zeit, das Auto zu holen. Wir fahren mit dem Bus zur Autovermietung, bekommen Schlüssel und Papiere. Ich steige in das Auto, stelle den Sitz richtig ein, lasse den Motor an. Und fahre. Auto fahren ist wie Fahrrad fahren. So was verlernt man nicht. Ein schwieriger Moment kommt gleich am Anfang, als ich in eine Seitenstraße einbiegen muss, die dazu auch noch bergauf führt. Das geht aber ganz leicht. Das Auto kennt die schwedischen Straßen und ich lasse es machen. Ich parke das Auto außerhalb. Unser Wohngebiet ist verkehrsberuhigt, und wir haben bis zu diesem Tag nicht herausbekommen, wer die Schlüssel für die Schranke hat.

Als wir beginnen, das Auto zu beladen, fällt uns auf, dass wir keine Gurte haben, um unsere Sachen festzuzurren. Ich wieder zum Laden, ich habe dort mal Paketschnur gekauft. Ein Verkäufer mit randloser Brille erklärt mir, er sei sich sicher, dass sie Paketband im Sortiment gehabt hätten, und es wohl gerade aus sei. Durch den Vorhang hinter ihm sehe ich den Lauf einer Waffe auf ihn zielen. Ich danke ihm und gehe singend heim. Die Welt ist wieder im Lot.

Unser Problem ist dadurch aber nicht gelöst: Wir haben einen riesigen Transporter und kein Band zur Befestigung. Also verklemmen wir das Bett mit dem Schreibtisch und füttern Kisten vorne dran und dahinter. Das Ergebnis sieht fragil aus. Eine scharfe Bremsung und alles fliegt durcheinander. Aber es ist nicht zu ändern. Wir putzen schnell unsere alte Wohnung, sehen uns ein letztes Mal wehmütig um, in unserer allerersten Wohnung. Dann fahren wir los.

„Lass mich bitte nicht scharf bremsen“, bete ich. Zur Antwort klingelt das Handy. Ich lasse es klingeln, komme sowieso nicht dran. Außerdem wird der Verkehr um mich dichter und dichter. Die Stockholmer Rushhour hat angefangen. Tempo über 30 ist ausgeschlossen, wir brauchen anderthalb Stunden für 50 Kilometer Autobahn. Aber ich brauche nicht scharf zu bremsen.

Wir kommen ohne Zwischenfälle bis an die Zufahrt zu unserer neuen Wohnung, wo uns eine unangenehme Überraschung erwartet: ein ein Meter hoher Fels. Der ist uns vorher nicht aufgefallen. Wir sind ja sonst immer zu Fuß unterwegs, und da achtet man auf so was nicht. Mit dem Auto kommen wir da definitiv nicht vorbei. Also parken wir und schwärmen aus. Mittlerweile ist es dunkel geworden, und es schneit wieder. Es gibt kein Durchkommen. An allen Zufahrtswegen versperren Steine, Blumenkübel oder Schranken den Weg. Anscheinend gibt es in Stockholm viele Wohngegenden, die für Autos gesperrt sind. Klasse für spielende Kinder, blöd für uns.

Also wieder außerhalb parken und alles zum Haus schleppen – Mann haben wir keinen Bock mehr! Gott sei Dank kommt uns unser alter Vermieter zu Hilfe, der nur zwei Straßen entfernt wohnt.

„Habt ihr mal probiert, euren Wohnungsschlüssel auf einer der Schranken zu benutzen?“, schlägt er vor, als wir ihm das Problem schildern. Gesagt, getan! Der Schlüssel passt, die Schranke geht auf.

„Dacht ich mir“, sagt er, während er sich eine der Kisten greift. „Bei eurer alten Wohnung war es ja auch so.“ Er geht pfeifend Richtung Aufzug, während wir an die Gelegenheiten denken, wo wir mit Freunden und

Familienmitgliedern Ameisenstraßen gebildet haben. Das Gesicht des Ikeamanns, der unsere Sachen hatte zum Haus tragen müssen, weil wir nicht wussten, wie man die Schranke aufkriegt. Und wir hatten die ganze Zeit den Schlüssel!

Eine halbe Stunde später ist das Auto leer und die Wohnung voll. Wir werfen einen Blick auf das Chaos und fahren das Auto abgeben. Auf dem Rückweg verpassen wir zwei Busse, die U-Bahn, den Pendelzug, kurz, alles, was man verpassen kann. Bis wir wieder in unserer neuen Wohnung ankommen, ist es halb eins nachts. Normalerweise räume ich gerne meine Sachen nach einem Umzug direkt aus. Aber jetzt baut Martin nur noch fix das Bett zusammen, und wir fallen todmüde hinein. In dieser Nacht träume ich von schneeweißen Flächen, Kinder beim Rodeln, Eishockeyspielern. Ich lächele im Schlaf. Nun kann der Winter kommen, unser Umzug ist fertig.

Der Anfang dieses Kapitels ist übrigens frei erfunden. Schweden hat nie versucht, Umziehen zum Nationalsport zu machen. Aber es wäre doch witzig, wenn!

# 32 15 MANN AUF DEM LUCIAZUG, HOHOHO UND ´NE BUDDEL VOLL GLÖGG!

In Schweden gibt es keinen Nikolaus. Stattdessen feiern die Schweden das Luciafest. Am frühen Morgen des 13. Dezember ziehen weißgekleidete Gruppen singend durch Krankenhäuser, Schulen und Firmen, angeführt von der heiligen Lucia mit ihrer Lichterkrone.

In unserer Firma gilt die Tradition, dass die neuen Mitarbeiter während ihres ersten Jahres am Luciazug teilnehmen. Da wir in der deutschen Gruppe fast alle neu sind, beschied uns unser Chef, dürften wir Einen auswählen. Wir versuchen, uns tot zu stellen. Da klingelt das Telefon, und wir hasten zu dritt hin. Ich bin zu langsam. Meine übrig gebliebene Kollegin und ich blicken uns an. Wer zuerst blinzelt!

„Oh, ich hab ja Pause“, ruft sie und rennt aus dem Raum. Ich drehe mich um und blicke in das gnadenlos enthusiastische Gesicht meines Chefs. Mit einem Seufzen ergebe ich mich in mein Schicksal. Tina beim Luciazug. Naja, hab ich wenigstens was zu erzählen!

Die Proben finden in unserem Fitnessraum statt, wir stehen zwischen Crosstrainer und Tischtennisplatte, wie am ersten Tag im Ferienlager, wenn man noch niemanden kennt, und sich wünscht, ganz woanders zu sein. Unsere Leiterin verteilt Liedblätter, und auf den Gesichtern der Schweden breitet sich ein nostalgisches Lächeln aus. Bei mir dagegen verstärkt sich das Lagergefühl. ‚We wish you a merry christmas' kenne ich ja noch, und vom Lucialied die Melodie. Aber wer ist dieser Lusse Lelle, und warum singen wir ein Lied über ihn? Und was ist ein Häggring? Hört sich eher an wie etwas was man Walpurgis erwartet. Vielleicht ist das der Nachbar vom Lusse Lelle. Nun ja, dabei sein ist alles, und mehr über die Noten stolpernd als singend stimme ich ein. Da bin ich nicht die Einzige. Unsere Leiterin schenkt uns ein verzweifelt positives Lächeln: „Das war ja schon richtig gut. Bis Lucia solltet ihr die Lieder übrigens auswendig kennen."

Kann ich natürlich nicht, die übrigen Proben verpeile ich nämlich. Das hatte den Vorteil, dass niemand zusieht, als ich mein Kostüm anprobiere. Ich sehe darin aus wie meine eigene Großmutter. Als ich jemanden über den Flur kommen höre, ziehe ich das Hemd schnell wieder aus. Nicht auszudenken, wenn mich jemand in dem Aufzug sähe … Oh Mist!

Am 13. treffen wir uns morgens im Sportraum, zwanzig Erwachsene in weißen Nachthemden. Wir sehen aus wie abgelehnte Kukluxklan-Anwärter. (Eigentlich ist die Luciatradition ja älter. Wäre es nicht möglich, sich das Outfit patentieren zu lassen, und dann die Kukluxklanleute zu verklagen, weil sie das Copyright verletzen, oder noch besser, sie gerichtlich dazu zwingen, bei jedem ihrer Treffen Weihnachtslieder singend und Süßigkeiten verteilend durch die Gemeinden zu ziehen? Würde deren Programm bestimmt merklich verbessern).

Wir Frauen binden uns silberne Schärpen um Stirn und Hüfte, sprich: wir schneiden Stücke von der Weihnachtsbaumgirlande. Mein Spiegelbild sieht nicht überzeugt aus. Das kann ich ihm nicht verdenken. ‚Bänder im Haar' sieht bei mir grundsätzlich eher aus wie Rambo als wie Schneewittchen. Wobei ich mit dem Outfit noch vergleichsweise Glück habe. Die Männer bekommen Hüte in der Form von Eistüten auf den Kopf (diese Dinger, mit denen wir früher Prinzessin gespielt haben? Genau so.) Und Stäbe (ein silberner Stab mit einem großen goldenen Stern oben. Harry Potter lässt grüßen).

Die Lieder habe ich mir noch schnell auf den Papp-Kerzenhalter geschrieben, in dem meine Kerze steckt. Die Lucia setzt sich ihre Lichterkrone auf, ein Kranz aus Kerzen, früher aus echten Kerzen, mittlerweile mit elektrischen Lichtern. Mein Plan, mich möglichst weit hinten zu verstecken, scheitert grandios. Wir sollen uns der Größe nach aufstellen, und so finde ich mich in Reihe drei wieder, was zur Folge hat, dass ich auf fast allen Firmenbildern zu erkennen bin.

Die großen Lagerhallen liegen im Dunkeln, als wir singend und mit Kerzen in den Händen einziehen. Ein warmes Gefühl breitet sich in mir aus. An der Laderampe erwarten uns die Leute. Wir beziehen Aufstellung und beginnen mit unserem Programm. Ich bin beileibe nicht die Einzige, die sich die Texte nicht hat merken können. Überall um mich herum schielen Leute auf ihre Kerzenhalter, Armrücken und Sterne. Vier Lieder singen wir in jeder Abteilung: Santa Lucia, Lusse Lelle (der schon wieder!), We wish you a merry christmas und Staffanvisan, ein für unsere Firma abgewandeltes Weihnachtslied. Zumindest gehe ich davon aus, dass es abgewandelt wurde, die Textzeile: „Kontaktlinsen funkeln so schön weihnachtlich", hört sich sehr abgewandelt an.

Unsere zweite Station ist der Kundendienst, wo wir erneut unser Repertoire vortragen. Wieder überkommt mich ein Gefühl von Wärme: Meine Kerze ist übergelaufen, und das heiße Wachs rinnt über meine Finger. Während wir weiterziehen, verwandelt sich meine rechte Hand langsam in eine Tropfkerze. Aber nicht nur meine Hand leidet Schmerzen, sondern auch meine Ohren. Wir ziehen durch einen langen Flur, der unsere verzerrten Stimmen als Echo zurückwirft. Das klingt weniger wie Weihnachtsgruppe, und eher wie eine Horde grölender und plündernder Piraten. Nach zwei Metern können wir uns nicht mehr zurückhalten und brechen in hemmungsloses Gelächter aus. Wir stolpern aus dem Flur, wo wir wiederum erwartet werden, diesmal von unserer Geschäftsleitung. Mühsam reißen wir uns zusammen.

Eine Station haben wir noch, Backoffice und IT, wo wir uns besondere Mühe geben. Jeder, der schon mal einen Rechner hatte, der plötzlich nur noch seltsame Dinge macht, wird das verstehen. Dann ist unser Zug auch schon am Ende, und wir dürfen die Kleider ausziehen und uns über Glögg und Lussekatte hermachen, Glögg ist dieser extrem pappige schwedische Glühwein, hier ohne Alkohol, schließlich müssen wir ja noch arbeiten. Lussekatter das traditionelle Luciagebäck, Einbackteig mit Safran und Rosinen.

Am Nachmittag lädt einer der IT-Leute ein Video von unserem Auftritt auf Facebook rauf. Seitdem warte ich auf einen Anruf – vom Kukluxklan, Lord Voldemort oder Jack Sparrow. Piraten brauchen schließlich auch einen Luciachor.

# 33 NARRENSCHIFF

Als Auswanderer erlebe ich überdurchschnittlich viel Zeit in Flughäfen, wo sich Menschen aller Länder treffen und die seltsamsten Dinge passieren. Das hier war das Seltsamste. Und ich schwöre, das ist genauso passiert. So was könnt nicht mal ich mir ausdenken!

Bilder, auf denen Leute nächtelang an Flughäfen und Bahnhöfen festsaßen, gingen in den letzten Tagen durch sämtliche Fernseher. Leute auf gepackten Koffern, eine Mutter mit ihrem schlafendem Kind auf einem Stuhl. Und mittendrin ich.

7:00 Der beste aller Männer beugt sich über mich und gibt mir einen Abschiedskuss. Er fliegt vom Flughafen Skavsta aus zu seinen Eltern. Mein Flugzeug nach Köln geht erst am Nachmittag. Als ich ihn im Flur rumoren höre, grunze ich noch einmal verabschiedend und schlafe weiter.

11:00 Der beste aller Männer ruft an. Seine Bahn ist nicht gefahren, er hätte fast den Transferbus verpasst. Jetzt ist er am Flughafen, sein Flug hat Verspätung. Ich steh dann mal auf. Es schneit immer noch, das Haus gegenüber ist kaum zu erkennen. Eigentlich wollte ich den Bus 12:30 nehmen. Ich beschließe, auf den Weihnachtsputz zu pfeifen, sieht eh keiner, und zu machen, dass ich zum Flughafen komme.

11:45 Mein Zug kommt pünktlich. Ich steige ein, die Türen schließen – und öffnen. Und schließen – und öffnen. Der Schaffner kommt mit einem Besen und drischt mit dem Stiel auf den Türrahmen ein- Tür enteisen auf Schwedisch.

12:20 Am Flughafen. Ich checke die Abflugtafeln. Die Flüge haben nur etwa 10 Minuten Verspätung. Dann krieg ich sogar noch meinen Anschlusszug in Köln. Ich entspanne mich und mache es mir mit einem Krimi gemütlich.

13:50 Fünfzig Prozent mit meinem Buch durch. Zwei Tote! Gebe mein Gepäck auf und gehe durch den Zoll. Mein planmäßiger Abflug: 15:55, noch zwei Stunden. Überlege, mir ein zweites Buch zu kaufen, entscheide mich dagegen.

15:30 Buch zu drei Viertel durch, vier Tote, begebe mich zum Gate. Das Einchecken müsste gleich losgehen.

15:40 Das Einchecken sollte jetzt aber wirklich losgehen.

15:45 Warum checken die nicht ein? Ich linse aus dem Fenster. Irgendwas fehlt. Ich schaue genauer hin. Tankfahrzeug, Gepäckauto, Lotsen. Schließlich fällt es mir auf: Da steht kein Flugzeug.

15:50 Das Flugzeug kommt um die Kurve, voller Passagiere und Gepäck. Pünktlich kommen wir nicht mehr los.

16:15 Sie boarden. Als noch fünf Leute in der Schlange stehen, stehe ich gemütlich auf und schlendere zum Flugzeug. Den Luxus der Platzreservierung kann nur richtig zu würdigen wissen, wer die Sitzplatz-Schlacht von Ryanair schon mal miterlebt hat.

16:40 Schlechte Nachrichten vom Käptn: Flughafen Köln ist derzeit geschlossen wegen Schneefalls, soll aber bald wieder aufmachen. Also fliegen wir trotzdem los.

17:10 Habe mein Buch fertig gelesen. Sechs Tote, zwei Mörder!

17:30 Köln ist immer noch zu. Wir müssen in Hannover zwischenlanden. Was dann passiert, weiß niemand.

18:10 Landung in Hannover. Die nächste schlechte Nachricht: Das Gepäck darf nicht ausgeladen werden, sonst müssten sie uns komplett neu einchecken. Also bleiben wir alle sitzen.

18:30 Die Stimmung beginnt zu kippen. Die Leute sind nervös, wollen raus, wollen wissen, was passiert. Mit einer Ausnahme: in den ersten Reihen scheinen die Leute die Ruhe wegzuhaben. Auf der anderen Gangseite sitzt eine Frau mit einem vielleicht zweijährigen Kind. Wäre ich mit Kind unterwegs und wüsste nicht, wo ich die Nacht verbringe, ich würde durchdrehen! Sie nicht! Frau lacht, Kind lacht, alle entspannt. Sind die in einem anderen Flugzeug? Was ist ihr Geheimnis? Die Lösung erfahre ich, als ich hinter dem Vater des Kindes in der Toilettenschlange warte.

Vater der Kindes zu einem in der ersten Reihe: Hej saach ma, mosstu morjen arbeide?

Dunkelhaariger: Nee, ich hab als frei.

Mann hinter mir: Das ist ja sehr schön für Sie. Aber ich muss morgen pünktlich auf der Arbeit sein!

Vater des Kindes: Nee, du musst jetz ooch nich arweiden. Des iss nämlich höhere Jewallt. Saachma, sollen wer wat singen?

Dunkelhaariger: Jute Idee.

*Beide singen:* Mir jehn zu Fuhs nach Kölle …

18:45 Die Kölner entdecken, dass es an Bord Kölsch gibt.

19:00 Es gibt eine Hymne: „Wir kommen alle in den Himmel!“

19:15 Die Kölner veranstalten eine Polonaise um

das Flugzeug. Der Käptn führt den Zug an.

19:30 Die Stewardess packt die Kölschvorräte aus dem Frachtraum aus. Dies wird mit Applaus quittiert. Der Mann hinter mir rümpft die Nase und schüttelt den Kopf ob so viel Frivolität in einer ernsten Lage. Dann schaut er mich beifallheischend an. Ich bestelle ein Kölsch, proste den Kölnern zu und schenke Miesebacke ein strahlendes Lächeln. Manchmal muss man einfach demonstrieren, wo die eigenen Sympathien liegen.

20:00 Der Flughafen Köln ist frei, wir haben Starterlaubnis. Donnernder Applaus unterstreicht diese Nachricht. Wäre aber auch nicht schlimm gewesen, wenn es noch etwas länger gedauert hätte. Es herrscht Stimmung wie beim Karneval. Mit einem donnernden: „Wir lagen vor Madagaskar und hatten die Pest an Bord“ heben wir in Hannover ab.

21:10 Landung in Köln. Der Kapitän bedankt sich für unsere Geduld und für die gute Stimmung an Bord. Die Passagiere steigen singend aus „Auf Wiedersehn Herr Kapitän“. Züge sind alle ausgefallen, aber ich habe einen Cousin, der in der Nähe des Flughafens wohnt, und mich abholen kommt. Gut, dass die Familie da ist. Oder wie der Kölner sagt: Süs jo ämmer no jut jejange.

# 34 EPILOG: ICH HAB EIN HAUS, EIN KUNTERBUNTES – HOCHHAUS

„Wieso ist der Laden zu?“, frage ich und rüttele einmal pro forma. Nichts, die Tür bewegt sich keinen Millimeter.

„Heute ist Sonntag“, sagt eine ältere Dame hinter mir und schaut mich an, als wäre ich bescheuert. Sonntag, natürlich, und sonntags sind die Geschäfte geschlossen. In Deutschland.

Ich weiß nicht, wann es begann, dass die schwedischen Verhältnisse sich in meinem Geist als das neue Normal etablierten. Zwar breche ich noch immer angesichts eines Felsens oder eines Sees in spontane Begeisterungsstürme aus, und ich glaube nicht, dass ich jemals unbewegt bleiben werde, wenn von der Fähre aus die Gamla Stan in Sicht kommt. Aber es wirft mich nicht mehr aus der Bahn, wenn ich in einem leeren Laden eine Wartenummer ziehen muss. Ich bin es gewöhnt, dass alle Behördensachen dreimal so lang dauern, ich aber neunzig Prozent online oder per Telefon erledigen kann. Ich erbleiche nicht mehr beim Anblick der Getränkepreise in den Bars und esse sogar regelmäßig schwedisches Brot.

Wir wollten anderthalb Jahre in Schweden bleiben, doch als die vorbei waren, hatten wir von dem Land noch nicht viel gesehen, ich hatte einen Job. Also beschlossen wir, noch etwas länger zu bleiben. Und wir sind geblieben. Schweden lässt uns so schnell nicht mehr los.

In der Schule waren wir uns einig: Alle wollten wir in Schweden leben. Die einen favorisierten Bullerbü, das aus drei Höfen bestehende Dorf (was für ein Anachronismus in unserer globalisierten Welt), gemeinsam mit Britta, Bosse und Lisa. Die anderen präferierten Pippi Langstrumpfs Villa Kunterbunt. Ich gehörte zur Pippi-Fraktion und jahrelang stellte ich mir vor, in Schweden zu wohnen, mit Herrn Nilsson, dem kleinen Onkel und dem Limonadenbaum. Heute lebe ich in Schweden, aber statt in einer alten Holzvilla lebe ich in einer Einzimmerwohnung, in einem Hochhaus, das man ohne Probleme auch in Halle-Neustadt erwarten könnte. Und ich liebe es!

Ich liebe es, mit meinem Freund zusammenzuwohnen, morgens neben ihm aufzuwachen, mit ihm zu kochen und Sachen zu unternehmen. Ich liebe es, dass die Wohnung im obersten Stock liegt, so dass ich einen wunderbaren Ausblick auf den Park und die Leute hab und jenseits des Hauses gegenüber den Sonnenuntergang beobachten kann. Ich liebe es sogar, eine winzige Wohnung zu haben. Mein Liebster ist immer in Rufreichweite, trotzdem hat jeder sein Zimmer zum Arbeiten. Er hat seinen Schreibtisch in der Küche stehen. Und die Wohnung ist so klein, dass wir sie problemlos innerhalb von zwei Stunden geputzt und aufgeräumt haben.

Gut, diese Sachen könnte ich wohl auch woanders haben. Andere Sachen findet man wohl nur in Schweden. Zum Beispiel gibt es hier keine Keller! Der

Untergrund besteht zum größten Teil aus Granit, und Keller müsste man buchstäblich in die Erde sprengen. Stattdessen verfügt jedes Haus über einen Abstellraum oder zumindest einen Verschlag irgendwo im Haus, wo alter Kram und die Skiausrüstung gelagert werden. Das finde ich einfach nur großartig, denn ich hasse Keller. Seit meiner Kindheit weiß ich mit unumstößlicher Sicherheit: Keller sind was Scheußliches, da gibt es Spinnen und Zombies. Jahrelang habe ich versucht, etwas gegen diese Angst zu unternehmen: Singen, Therapie, sich zwingen, extra lang im Keller zu bleiben. Nichts half! Auf die einfachste Lösung wäre ich nie gekommen: kein Keller! Nie mehr erklären, warum ich grade jetzt nicht Wäsche oder Mineralwasser hochholen kann, ist sehr angenehm!

Und nie mehr Nebenkostenabrechnung! Wie habe ich das gehasst, diesen Brief vom Vermieter „Hallo Tina, ich weiß, du hast dich auf deinen Urlaub gefreut, aber du hast auch gekocht und geheizt in deiner Wohnung, deswegen überweise mir doch bitte das für den Urlaub gesparte Geld. Mit freundlichen Grüßen, dein Vermieter."

Ich will mich jetzt nicht darüber auslassen, wie bescheuert es ist, für eine Zweizimmerwohnung nur hundert Euro Nebenkosten zu veranschlagen, dann aber über tausend Euro Nachzahlung jedes Jahr zu verlangen. Ich will auch gar nicht drauf eingehen, wie krank ein System ist, wo es jemand mit Abitur, Studium und Doktortitel in einem naturwissenschaftlichen Fach nicht schafft, eine Nebenkostenabrechnung zu entwirren. Worauf ich hinaus will: In Schweden zahlt man einen Festbetrag als Miete, so etwas wie Nebenkostenabrechnung gibt es nicht. Natürlich weiß ich, dass ich natürlich auch hier Nebenkosten bezahle, dass die Kosten auf die Miete draufgeschlagen werden. Aber ich weiß, welche Kosten mich jeden Monat erwarten, und ganz ehrlich: Dafür, dass ich in Deutschland Stunden und Nachmittage meiner kostbaren Freizeit damit verbracht habe, aus diesem dreißig Seiten langen Sermon Sinn zu machen, dafür nehme ich gerne die Gefahr in Kauf, vielleicht sogar etwas zu viel zu zahlen.

Aber was am Wohnen in Schweden am Großartigsten ist – ich hab es schon öfters erwähnt, aber man kann es gar nicht genug betonen, ist die Nähe zur Natur. Stockholm ist eine der Städte mit dem höchsten Freiflächenanteil, auch geschuldet durch das viele Wasser. Man geht aus der Tür und um die nächste Ecke gibt es immer einen Wald, einen Park, einen See, einen Platz zum Picknicken, Erholen und Ruhe haben. Wenn ich gestresst von der Arbeit bin, laufe ich einfach etwas durch die Gegend und eine halbe Stunde Kiefern, Felsen und Blaubeeren, der weiche Boden unter meinen Schuhen, unterbrochen von herausragenden Steinen, entspannt mich mehr als ein Tag im Thermalbad. Auch die Wohnsiedlungen selbst sind extrem weitläufig und großzügig angelegt. Obwohl wir hier in einer Hochhaussiedlung leben, habe ich nicht das Gefühl, meinen Nachbarn auf der Pelle zu hocken. Zwischen den Häusern verlaufen mit Spielplätzen, Grillecken und Sitzgelegenheiten ausgestattete Grünanlagen, die ganz selbstverständlich betreten und genutzt werden dürfen.

In die Villa Kunterbunt habe ich es nicht geschafft, aber das braucht man vielleicht auch gar nicht. Wichtig ist, zu wissen, was einem selbst wichtig ist, und danach zu streben, und das Erreichbare im wirklichen Leben von der Phantasiewelt eines Kinderbuches zu trennen. Und mit diesem weisen Schlusssatz will ich mich verabschieden. Ich will ums Haus ein paar Limonadenbäume pflanzen. Bis zum Sommer müssten die doch reif sein …

# DIE AUTORIN

Tina Skupin, Jahrgang 1977, wuchs in Völklingen an der Saar auf. Nach einem Zwischenstopp in Halle lebt sie mittlerweile mit Partner und Töchterchen in Stockholm. Sie schreibt vor allem Fantasy mit Schwerpunkt Urban Fantasy sowie Science Fiction. Ihre Hobbys (für die nie genug Zeit bleiben) sind: mittelalterliches Schwertfechten (Langschwert) klettern (trotz Höhenangst) und lesen (natürlich).

Tina ist online hier zu finden:
https://www.facebook.com/tinaskupinautor/
https://twitter.com/TinaSkupin
tina.skupin@gmail.com
www.tinaskupin.wordpress.com

23216342R00115

Printed in Poland
by Amazon Fulfillment
Poland Sp. z o.o., Wrocław